Henri Bergeron

Les Éditions du Blé 1989

Henri
Bergeron
Un bavard se tait . . .
pour écrire
Récits de la Montagne Pembina

Les Éditions du Blé remercient
le Conseil des Arts du Canada et
le Conseil des Arts du Manitoba
qui ont contribué à la publication de ce livre.

Maquette de la couverture et conception graphique :
Norman Schmidt

Photo de la couverture :
Jean-Pierre Karsenty ©
Pour Radio-Canada
Tous droits réservés

Autres photos : Suzanne Prince

Les Éditions du Blé
case postale 31
Saint-Boniface
(Manitoba) Canada
R2H 3B4

ISBN 0-920640-73-7

Les Éditions du Blé sont distribuées par Québec livres.

À la mémoire de quatre pionniers du Manitoba :
Rosalie Bourrier et Paul Bergeron, mes parents,
Françoise Le Cain et Isidore Mercier, mes beaux-
parents. En hommage à Yvonne, ma femme.

Ce petit recueil d'historiettes autobiographiques est dédié à mes enfants et petits-enfants. Ils y apprendront qu'ils ne sont pas les seuls à faire de la vie un apprentissage continuel.

J'ai tenté de laisser parler l'enfant que j'étais, sans trop brimer sa naïveté. Celui-ci m'a appris beaucoup sur moi-même et sur mon riche milieu naturel. J'avoue avoir mis bien du temps à faire observer le silence à mon moi-adulte, qui n'acceptait pas toujours de voir son personnage ainsi morcelé. D'où le titre "UN BAVARD SE TAIT... POUR ECRIRE".

On me reprochera peut-être d'avoir sacrifié un peu de l'authenticité du récit au profit de mon imaginaire. C'était inévitable. Chacun de nous voit le monde à sa façon. C'est ce qui le rend si intéressant.

Sur la chaîne de notre existence, avec tous les impondérables qu'elle comporte, nous devons tisser, à notre manière, la trame de notre vie.

Henri Bergeron

Il n'est pas difficile de rendre hommage à un personnage qui s'est distingué de façon si marquée dans le domaine des communications sociales.

En général, l'estime des hommes ne trompe pas et est basée sur certaines qualités de fond, qualités de persévérance, constance dans une décision première.

Il me faut retourner à 1946, avant l'ouverture du premier poste de la radio française dans l'Ouest canadien et me rappeler cette rencontre amicale avec ce jeune franco-manitobain. C'est à cette occasion qu'il me faisait part de son désir d'abandonner ses études en droit et de s'orienter vers la radio.

L'avenir de ce premier poste en herbe était, à l'époque, loin d'être assuré. Mais sa décision était telle qu'il abandonna ses études en droit et se rendit à Montréal pour se familiariser avec les exigences de cette profession qu'il voulait embrasser.

Ce court séjour dans l'Est du Canada lui fit constater l'influence sans borne que possédait la radio et les retombées bénifiques qu'elle ferait rejaillir sur le Manitoba.

Premier annonceur à CKSB en 1946, il démissionait trois ans plus tard pour se rendre à Ottawa et, de là, à Montréal.

Avant d'en arriver aux résultats et aux succès qu'il a connus, il eut un long chemin à parcourir, d'abord à la radio et ensuite à la télévision.

Le succès de CKSB fut pour lui, comme pour bien d'autres, un grand réconfort et ce résultat heureux fut en quelque sorte le tremplin qui le lança vers de nouveaux sommets.

Ses succès ont rejailli sur sa province natale à laquelle il a toujours voué un attachement soutenu.

Les franco-manitobains le reconnaissent encore comme l'un des leurs et ont admiré sa constance au perfectionnement de la langue.

Henri Bergeron a bien mérité l'hommage de sa patrie. Nous le félicitons de tout coeur et tenons à lui faire part de notre admiration. "C'est notre doux parler qui nous conservent frères."

Roland Couture
Premier vice-président de CKSB
(maintenant Radio-Canada)
et directeur de 1949-73.

La paroisse était divisée. La tante Berthe avait-elle vraiment commis un impair ou l'oncle Pierre n'avait-il pas exagéré? Le fait est qu'il avait tempêté plus que d'habitude, et surtout ce n'était pas "nom d'une pipe" qu'il avait seulement dit, c'est "nom de Dieu" qui était sorti! Peut-être malgré lui, mais c'est que la faute devait être grave. Papa n'avait pas cru bon de faire de commentaires.

- J'aime mieux pas parler, avait-il lancé.

Maman avait répété qu'après tout, le père Picod n'avait pas été offusqué, qu'il connaissait bien la tante Berthe et que le fait d'être flamande y était pour quelque chose.

- Elle ne parle pas le français tout à fait comme nous. Puis, elle a un cœur d'or!

J'ai tout de suite compris que c'était là un solide argument et que maman avait raison. Pourtant l'oncle Pierre était furieux et il avait dit "nom de Dieu"! C'est donc qu'il était encore plus en furie que d'habitude. L'oncle Étienne, pour sa part, considérait l'incident clos: tante Berthe n'avait pas une once de méchanceté et ne pouvait avoir blessé le père Picod. Son écart de langage n'avait, en fait, rien de répréhensible. C'était tout juste une mauvaise connaissance du français qui l'avait amenée à commettre pareille gaffe, si gaffe il y avait. Mais tout le monde avait bien rigolé en entendant le récit qui prenait de plus en plus d'ampleur.

Rétablissons les faits. Le père Picod s'était présenté chez l'oncle Pierre et la tante Berthe pour sa visite de paroisse. L'oncle ne s'est pas dérangé quand le père curé a frappé à la porte. Il n'a que vociféré :

- Qu'est-ce que c'est?

La tante, qui était un peu sourde, a tout de suite

compris, à ce hurlement, que quelqu'un avait frappé à la porte. Elle s'est empressée d'aller ouvrir. En apercevant le père Picod, elle a rapidement retiré son tablier, s'est promptement passé la main dans les cheveux et a lancé :

- Tô Zelume! le curé! entre.

Le père Picod lui a tendu son chapeau qu'elle est allée déposer sur son vaisselier. Puis se retournant vers le visiteur :

- Je t'attendais pas si tôt. Viens tout de même t'asseoir. — Et, du même souffle. — Hé, le chat, tô Zelume! voulez-vous bien céder la place au curé. Allez dehors prendre l'air.

. L'oncle Pierre avait bondi. Son grognement en disait long sur la colère qui grondait. Il avait déposé sa grosse pipe dans le cendrier et avait tendu la main au père Picod en lançant un regard foudroyant du côté de la tante. En un tournemain, celle-ci avait mis le chat à la porte et tapoté le coussin du fauteuil pour en chasser les poils. Ce cérémonial accompli :

- Tiens, c'est le fauteuil le plus confortable, tô Zelume! assois-toi.

Le père Picod s'était assis en toussotant légèrement comme il le faisait toujours et avait attendu que son hôte prenne la parole avant d'aborder la raison de sa visite. L'oncle avait approché légèrement sa berceuse près du visiteur et avait tout de suite dit, comme pour se faire plaisir :

- C'est donc chez nous que vous commencez votre visite de la paroisse, père Picod?

Puis le brave curé avait timidement pris la parole et la suite n'eut rien de bien retentissant. Après la bénédiction des lieux avec goupillon et eau bénite, le père retira son étole, reprit son chapeau que lui tendait la tante Berthe et s'éclipsa sans plus, en prenant soin de retenir la porte pour permettre au chat de rentrer.

12

L'oncle Pierre s'était bourré une nouvelle pipée et attendait sa femme de pied ferme.

- Nom de Dieu! lança-t-il.

La maison en trembla. La tante Berthe se demandait bien ce qui pouvait agiter son homme de la sorte.

- Comment, bon yousse, tu ne t'es pas rendu compte de ton impair?

- Quel père?

Elle était bien prête à l'écouter. Se rapprochant de lui :

- Tô Zelume! Pierre, qu'est-ce qu'il y a?

L'oncle était désarmé par cette grande naïveté. Elle ne s'en était pas rendu compte, la pauvre! Tutoyer le curé et vouvoyer son chat! Il tira plusieurs bonnes bouffées et disparut sous un nuage de fumée en grommelant comme c'était son habitude. Le jour même, il avait raconté sa triste histoire à au moins cinq ou six personnes du voisinage comme pour se décharger le cœur et faire savoir au monde entier que sa femme n'était décidément pas à la hauteur quand venait le temps de recevoir de la grande visite.

La pauvre tante Berthe! Ce qu'elle a essuyé de défaites langagières. Ce n'est pourtant pas ce qui l'empêchait de parler. "Tô Zelume par-ci, tô Zelume par-là", elle n'en tricotait pas moins des conversations fort intéressantes et amusantes avec un certain humour. Elle ne comprenait pas toujours ce qui se disait, à cause de sa surdité et créait de la sorte des quiproquos qui faisaient rigoler son entourage. Mais, maman disait toujours que la tante Berthe avait un cœur en or. Et tous étaient d'accord; son cœur d'or se manifestait par sa grande générosité. Elle avait le cœur sur la main. Toutes ces qualités faisaient vite oublier ses maladresses. Avec ses lunettes épaisses qui lui grossissaient les yeux en les déformant, sa forte voix de poitrine et ses attitudes un peu hommasses, elle aurait

13

dû nous rebuter, nous les enfants. Tel n'était pas le cas; bien au contraire, son caractère bruyant et son attitude de brave femme un peu corpulente nous attiraient.

Quand elle arrivait chez nous, elle nous faisait monter sur ses genoux et nous serrait entre ses deux gros seins tout en continuant la conversation avec maman. Elle parlait très fort, mais cela n'enlevait rien à la grande chaleur qui se dégageait de sa personne. Pour un enfant de quatre ans, les mots représentent le concret, la réalité, et, pour moi, la tante Berthe avait donc sous sa grosse poitrine un cœur en or. J'eus, à au moins une occasion, l'audace de le vérifier. Lors d'une de ses visites à la maison, elle m'empoigna comme d'habitude, me hissa sur ses genoux et me serra contre sa poitrine. Glissant mon index sous ses gros seins, je voulus tenter de découvrir son cœur d'or. Ce fut peine perdue. Mon doigt se heurta à la structure métallique de son corset, véritable armature, digne des cottes de mailles des preux chevaliers du Moyen-Âge. Je dus me rendre à l'évidence : il n'y avait rien de doré, ni rien qui aurait la forme d'un cœur. Cela n'a surtout rien changé entre nous; la tante Berthe ne parlait pas tout à fait comme nous, mais ça n'avait pas d'importance. D'ailleurs, papa ne parlait pas comme maman. L'oncle Étienne, professeur de lycée devenu agriculteur, non plus ne parlait pas comme nous. Ce qu'il disait était toujours précis et surtout tellement agréable à l'oreille. J'aurais pu l'écouter parler longtemps sans effort. Lui était breton, mais "faux breton", "breton de Nantes", avait dit maman,

- Il ne parle pas le breton.

C'est là que j'ai compris qu'on pouvait s'exprimer de bien des façons. L'important c'était de se faire bien comprendre et surtout de se rendre intéressant. Parmi les expressions qu'utilisait la tante Berthe, il y en avait une qui nous amusait beaucoup. Chaque fois qu'elle ne pouvait expliquer un malaise ou une maladie qui amenait quelqu'un à avoir un comportement autre qu'ordinaire, elle lançait :

- C'est tô de la maginie!

Même les grands mystères que le père Picod se donnait tant de mal à vouloir nous faire entrevoir, devenaient, pour la tante Berthe, de la "maginie". Quelle merveilleuse invention que celle-là! Cette expression commode lui permettait de soutenir ou, plutôt, de terminer les conversations les plus philosophiques sans perdre la face. Le fait de repousser dans le mystère et l'incompréhensible tout ce qui dépassait l'entendement immédiat avait pour elle valeur de raisonnement. Et après tout, pourquoi se triturer les méninges, quand des solutions aussi faciles se présentent à vous?

C'est ainsi que la tante Berthe, malgré toutes ses maladresses et ses difformités de bonne femme, passait pour une personne affectueuse, charitable et d'une honnêteté à toute épreuve. N'avait-elle pas mis au monde une bonne moitié des enfants de la paroisse? Sage-femme de grande compétence, la plupart de ses neveux et nièces, y compris l'auteur de ces lignes, lui avaient lancé leur premier vagissement.

UNE NAISSANCE AVEC HISTOIRE

- En voilà un qui a de bons poumons, avait dit tante Berthe à ma mère, en me déposant tout propre dans ses bras.

Du moins, c'est ce que m'a raconté maman. Par un beau matin du mois de mai, ressentant ses premières vraies douleurs, Rosalie avait dit à Napoléon qu'il était temps d'aller chercher la tante Berthe. À trois heures du matin, celui-ci avait attelé sa meilleure trotteuse de l'écurie, réveillé les trois enfants, les avait amenés chez la tante Béatrice et l'oncle Arthur, puis avait pris la route de Saint-Lupicin pour aller chercher la sage-femme. C'était bien la cinquième fois que la tante faisait le trajet vers chez nous pour la même raison. La dernière fois, c'était pour le petit Paul qui succomba, deux mois plus tard, à la coqueluche.

À cette époque où il n'y avait pas de téléphone, pas de système de messagerie, c'est à la porte de la cuisine que la tante apprit qu'on la réclamait. Papa n'eut même pas le temps d'attacher son cheval, la tante était auprès de lui dans le boghei. Il était cinq heures et le soleil, sur le point de se lever, lançait ses premiers rayons, prélude d'un dimanche merveilleux.

- Mais, je savais que tu viendrais, Napoléon. Rosalie m'avait avertie que ce serait cette semaine. Tô zelume! remarque que ça fait mon affaire que ce soit dimanche, parce que Pierre est à la maison pour soigner mon chat.

Deux heures plus tard, vers les sept heures, en ce 17 mai 1925, je fis mon entrée dans le monde entre les mains de la tante Berthe.

- Ce n'était pas un jour comme les autres, m'a toujours dit maman. À l'heure précise où tu es né, Sœur Thérèse de l'Enfant-Jésus était canonisée à Rome par le pape Pie XI.

J'avais été marqué par le ciel. Je serais donc, toute ma vie, celui qui est né avec une tache de naissance sur la jambe droite, au jour et à l'heure de la canonisation de Sainte-Thérèse. C'était rassurant; je ne passerais pas inaperçu!

Je devais apprendre quelques années plus tard, que j'étais né sur une montagne. Sur la montagne Pembina. C'est probablement en allant à la cueillette de petits fruits que ma mère, ou l'une de mes grandes sœurs, me l'a raconté. Sans doute avait-il été question de bien mettre dans nos petits récipients les bons fruits, en évitant tous ceux qui auraient pu être poison.

- Tiens, voilà une talle de poirettes. Surtout ne touche pas à ceux-ci, c'est du poison. Mais si vous voyez des pembinas, vous me le direz, ils doivent être mûrs.

Tels étaient les propos de nos randonnées : recommandations et mises en garde.

- Les poirettes mûres sont violettes, mais les pembinas sont de quelle couleur?

- Jaune pâle, voyons! Tu sais, les bonnes confitures qu'on mange avec la dinde chez la tante Kate.

J'avais ma réponse et c'est sans doute par la suite que Antoinette, ou Suzanne, m'a mentionné que c'était ce petit fruit qui avait donné son nom à la rivière et à la région de la montagne Pembina. Puis, de fil en aiguille, mon père avait dû me raconter, un beau jour de printemps, tout en pelletant la neige du petit pont, que c'était les Indiens qui avaient appelé ainsi ce qui, pour nous, n'avait l'air que d'une série de collines se terminant quelque part à l'est de Saint-Lupicin, mais s'étendait jusqu'aux États-Unis vers le sud. Par beau temps, du haut de la grande colline de l'oncle Louis, on pouvait apercevoir la plaine, la vraie plaine plate du côté de Roseisle et de Carman.

- Tu vois, piton, après avoir marché pendant des jours et des jours dans la grande Prairie, ce qui est maintenant la Saskatchewan, où je vais travailler sur le chemin de fer l'automne, les Indiens devaient être tout contents de voir nos collines au loin. Elles avaient si belle allure qu'ils les prenaient pour des montagnes.

C'est probablement ainsi que papa m'avait renseigné. Par la même occasion, j'appris aussi que, lui, venait, ou du moins ses parents venaient, du Bas-Canada et que les parents de maman étaient originaires de la France, d'un coin de pays pauvre qui s'appelait la Lozère. Ce nom-là m'est toujours resté gravé dans la mémoire. C'était aussi le pays de Pierre Rincé le premier vrai soldat que j'avais de mes yeux vu, avec ses guêtres qui s'enroulaient autour de ses jambes jusqu'aux genoux et son uniforme tout plein de poches. Je l'enviais d'avoir autant de place où fourrer toutes sortes de choses, pour les faire surgir, juste au bon moment. Une poche pour le tabac, une autre pour le mouchoir, l'argent, les bonbons, peut-être surtout les bonbons; car il en avait toujours. C'est sans doute ce qui nous le rendait si attrayant. Et c'est lui qui avait donné le nom au petit cheval albinos que papa avait ramené d'un encan. Il avait donné en échange un porc qu'était venu chercher Franck Van der Linden, un Belge d'Altamont. Pierre Rincé avait dit à mon père, en voyant le petit cheval blanc aux flancs crottés et à l'allure d'un âne avec ses deux grandes oreilles fendues :

- Ah! celui-là ressemble à mon adjudant Rigodin. J'aurais envie de lui botter le cul! C'est Rigodin tout craché.

Curieuse façon de se faire baptiser, me direz-vous. Pauvre Rigodin, il ne savait pas ce qui l'attendait!

Un an après ma naissance, mes parents décidèrent de quitter la ferme, le homestead de Wilfrid Tessier, comme on l'appelait, pour aller demeurer au village de Saint-Lupicin. Mon père ayant obtenu un emploi de cheminot au Canadien National, il serait plus tranquille de savoir maman entourée, de plus près, de ses parents et amis. Avec les quatre enfants et toutes les besognes de la ferme, elle n'y arriverait pas. Antoinette et Suzanne étaient déjà d'âge scolaire et Marcien commencerait l'école l'année suivante; tout militait en faveur du village. La maison des vieux Pinier était justement libre. Papa sauta sur l'occasion et le tout fut réglé en un tournemain. Le cousin Firmin Bourrier, qui venait de se marier avec Jeanne Colonval, prendrait la ferme en main avec veaux, vaches, cochons, et tout le monde serait casé pour l'automne 1929. Papa pourrait alors se rendre à Melville, en Saskatchewan, travailler au transport du grain pour le CN, où il était entré grâce à la tante Anna dont le mari était mécanicien de locomotive, "ingénieur", comme on disait. Il n'avait pas obtenu cet emploi de serre-frein sans quelques difficultés; l'une d'entre elles étant la perte de son prénom de Napoléon qui lui allait comme un gant. Mais voilà! même ce prénom lui avait été imposé par les voisines alors qu'il n'avait que deux mois, au lendemain du décès de son père. Ce dernier, récemment arrivé du Québec avec sa femme Perpétue et leurs quatre enfants, était mort d'une pneumonie qu'il avait contractée en travaillant comme un forcené à faire fonctionner tant bien que mal son moulin à scie à Saint-Léon. N'ayant pas, comme à Saint-Charles de Mandeville, au Québec, une roue d'eau pour activer sa scierie, il avait dû avoir recours à une locomobile, un engin à vapeur. Tantôt dehors dans le froid glacial, tantôt auprès de la fournaise de la chaudière pour y fourrer des croûtes, Napoléon I s'était tué à la tâche, mais son nom se verrait perpétué par le petit Napoléon II. Perpétue et les voisines étaient d'accord : Pierre-Siméon deviendrait Napoléon. Mon père ne sut d'ailleurs qu'à son mariage, en voyant son certificat de baptême, qu'il avait perdu son identité première. Et de un! L'entrée au chemin de fer lui ferait encore changer son nom. La tante Anna lui avait dit :

- Tu n'y penses pas? T'appeler Napoléon, avec tous ces Anglais? Ils vont rire de toi. Napoléon with the bones apart? Pauvre toi, tu risques de ne même pas pouvoir travailler.

Mon père eut beau la supplier, la tante tenait mordicus à ses idées. C'est d'ailleurs grâce à ses tactiques que son mari l'oncle Élie avait pu réussir ses examens de mécanicien.

- Ici à Melville, tu t'appelleras Paul, un point c'est tout!

Et ce fut tout, en effet. Napoléon se voyait pour une deuxième fois dépouillé de son identité. Ce qu'il dût subir d'aliénation dans son travail pourrait faire le sujet de tout un roman. Passons!

MON PREMIER SOUVENIR

Lorsqu'on nous pose la question : quel est votre tout premier souvenir? Nous n'avons pas toujours une réponse à donner. Pourtant, il me semble qu'il y a une chose précise qui me revient à l'esprit. Ce souvenir est rattaché à un bruit. Et c'est logique me semble-t-il. L'oreille étant le premier organe à naître en nous, et cela dès le cinquième ou sixième mois de notre vie utérine, il serait normal de croire que l'ouïe serait le premier sens à imprégner notre mémoire. Ce souvenir me place aussi dans les bras de ma mère. Je suis comme enveloppé dans une couverture. Puis j'aperçois un long corridor avec, tout au fond, une porte qui s'ouvre dans un tourbillon de fumée. Et de trois! Ouïe, toucher, vue! Un sifflet de train, je suis donc dans une voiture de chemin de fer, dans les bras de ma mère et j'aperçois, à l'autre bout du wagon, la porte qui s'ouvre, par un froid intense, d'où la vapeur d'eau. C'est avec maman que j'ai pu reconstituer le tout dès mon jeune âge. Elle me révéla que je n'avais que dix-neuf mois lorsque je fis mon premier voyage en train avec elle et ma petite sœur Gertrude âgée de deux mois. Le cousin Tiennot était venu nous conduire à la petite gare de Babcock au fond du ravin à deux milles de Saint-Lupicin, première étape d'un voyage qui nous amenait à Melville voir papa. Il faut croire qu'au cours du voyage, je me suis réveillé en sursaut à un des nombreux coups de sifflet de la locomotive, amplifié du fait qu'il survint précisément au moment où le serre-frein ou le chef de train ouvrait la porte à l'autre extrémité de la voiture. Donc, hurlement de la loco, la porte s'ouvre en même temps que mes yeux, je suis dans les bras de maman et vlan! tout cela passe dans mon subconscient! Du village, nous pouvions entendre le train qui sifflait en passant à Babcock, en été comme en hiver, et chaque fois cette même sensation me revenait à l'esprit. Ce léger traumatisme, vécu à mes dix-huit mois, était donc devenu une hantise dont maman et moi avions rapidement trouvé l'explication. Et maman de conclure :

- C'est clair comme de l'eau de roche, c'est bien ton premier souvenir.

La parenté venait chez nous beaucoup plus souvent au village qu'à la ferme. Après la messe du dimanche, plusieurs oncles et tantes, cousins et cousines nous rendaient visite sur la petite butte à quelque centaines de mètres au sud de la rencontre des quatre chemins où mon grand-père Jean Bourrier et son ami Louis Taillefer avaient décidé de bâtir une chapelle. En dehors des raisons de culte, priorité chez ces colons très croyants, qu'on dirait maintenant intégristes, un lieu de ravitaillement à portée de chevaux s'imposait. Le curé fondateur de Notre-Dame-de-Lourdes avait donné son aval au projet quelques années après l'arrivée des premiers habitants dans ce secteur éloigné de la paroisse. La minuscule église construite au début du siècle faisait de l'endroit la mission de Saint-Lupicin. Ce nom lui avait été donné par le père Joseph Picod, Chanoine Régulier de l'Immaculée-Conception, qui en devint le premier curé en 1920. Il en fut d'ailleurs l'unique pasteur, puisque comme des centaines de ces petits villages éphémères de l'Ouest canadien, Saint-Lupicin n'eut plus sa raison d'être à l'ère de l'automobile. Il reste toutefois, comme vestiges de son existence, la nouvelle église construite dans les années quarante, le presbytère devenu simple maison et le vétuste magasin général. Le couvent fut transféré à Lourdes, mais sur ses assises repose maintenant un bungalow dans le splendide décor de pins et de tilleuls dont la plantation remonte à l'arrivée des chanoinesses, au début des années trente. Le petit cimetière n'occupe qu'une partie du terrain qui lui était destiné. Sous une croix de bois repose le vénéré pasteur Joseph Picod entouré de plusieurs de ses paroissiens dont mes parents, un de mes frères et une de mes sœurs, tous deux décédés en bas âge.

SAINT-LUPICIN

Saint-Lupicin était constitué en 1930 d'une petite église, d'un presbytère où logeait le père Picod, d'un couvent avec ses quatre religieuses résidantes, d'une école de deux classes, d'un magasin général tenu par

Henri Payette et sa femme Adèle, de quatre ou cinq maisons de rentiers ou de retraités et de la résidence de l'oncle Pierre et de la tante Berthe.

Pierre Bourrier était menuisier de son métier et avait décidé de se construire une maison au village lorsqu'il quitta la ferme familiale. Avec sa première femme, la tante Victoire, que je n'ai jamais connue, une perle au dire de mes parents, il avait emménagé dans ce qui était à l'époque la maison presque idéale. Du moins, elle l'aurait été pour nous. Trois chambres à l'étage, un salon et une grande cuisine au rez-de-chaussée. Maman aurait bien voulu s'y voir, elle qui n'eut jamais sa chambre vraiment à elle pendant toute la période de ses treize maternités. La tante Berthe que l'oncle Pierre avait épousée en secondes noces, deux ans après le décès de la tante Victoire, avait aussi une grande fille, Alphonsine Kool, issue d'un premier mariage. Elle était pensionnaire au couvent de Lourdes.

L'oncle Pierre était un fort gaillard. Sa grosse pipe au tuyau recourbé ne quittait presque jamais le coin gauche de sa bouche. Ce qui ne l'empêchait nullement de parler, et même d'articuler très nettement. Les paroles étaient aussi abondantes que la fumée. Cela le portait à parler fort. En fait, il était l'image même de la vocifération. Lorsqu'il appelait sa femme, il prenait la peine de retirer sa pipe, et alors les murs tremblaient. Ce "Berthe" était généralement accompagné d'une quinte de toux profonde et d'un raclement de gorge qui pouvait laisser croire que l'oncle Pierre resterait sur le carreau, qu'il allait s'étouffer. Paradoxalement, lorsqu'il m'adressait la parole à moi, son tout petit neveu, cette voix tonitruante changeait d'allure, se remplissait d'affectivité, me chatouillait les oreilles de sonorités enivrantes à la façon d'un Pierre Brasseur dans ses meilleurs rôles. L'oncle Pierre devint pour moi un véritable compagnon et ami. Je recherchais même sa compagnie plus que rassurante. Rien de tel qu'un géant pour vous donner un sentiment de sécurité. Sa grosse patte de menuisier me soulevait d'un seul coup sur ses genoux où il y avait de la place pour deux et même trois petits bonshommes de mon genre. L'oncle Pierre avait aussi eu par son premier mariage une fille qui venait le voir occasionnellement. Elle était d'une grande beauté et d'une gentillesse à faire rêver. Éloïse semblait sortir d'un conte de fée. Dans ma petite tête de quatre ans, je me demandais comment mon oncle géant avait pu mettre au monde une si belle jeune fille. Puis, je n'avais qu'à penser à la séduction de la voix de l'oncle Pierre. Ce qu'elle avait dû charmer la tante Victoire, la maman d'Éloïse!

Au cours de ces trois années que nous avons passées dans la maison des Pinier, n'étant pas encore d'âge scolaire, j'ai fait de nombreuses randonnées avec l'oncle Pierre dans les petits sentiers des environs. Il se présentait à la porte grillagée où je l'attendais. Je l'avais entendu arriver. J'aurais pu reconnaître ses toussotements tabagiques à des dizaines de mètres.

- Bonjour Rose! Je peux prendre ton petit Henri, si tu veux. J'ai affaire chez Lemaux. Je te le ramène dans une demi-heure.

Je n'avais pas attendu la réponse. J'étais déjà près de lui, ma menotte dans la grosse patte d'ours et nous traversions la route pour nous engager dans le petit bois devant notre demeure. C'est là qu'étaient situés les plus beaux sentiers que je connaisse. Ce bosquet nous servait de piste d'hébertisme, avant l'heure. C'était l'endroit idéal pour jouer à cache-cache, aux voleurs, et à tous les jeux imaginables. Les soirs d'été, cette minuscule forêt devenait hantée par des êtres les plus lugubres, surtout lorsque les jeunes cousins Soulodre, Brunel, Bourrier ou Chabidon venaient rejoindre les quatre petits Bergeron!

Assez curieusement, presque chaque fois que je me livrais à une excursion pédestre en compagnie de l'oncle Pierre, il m'était donné d'entendre le sifflement du train qui passait à Babcock. C'était pour moi l'occasion de revoir la petite scène du long corridor avec, tout au fond, la porte qui ouvre sur de la fumée tourbillonnante. Alors je disais :

- Tiens, l'oncle Pierre, c'est un bonjour de papa.

Car papa m'avait bien dit que chaque fois que j'entendrais le sifflet, ce serait lui qui me dirait bonjour. Puis, le sentier nous ramenait sur la route que nous venions tout juste de traverser. On l'appelait la route d'Altamont, ce même petit village dont devait parler beaucoup plus tard, notre grand écrivain Gabrielle Roy. C'est la route qu'empruntaient papa et maman pour aller faire les grosses commissions, les achats qu'on ne pouvait faire chez Payette au magasin du coin. En fait, si l'oncle Pierre empruntait le petit sentier, c'était uniquement pour me faire plaisir. Dès que j'avais traversé le chemin, il me laissait gambader au-devant de lui. Comme un petit chien fou, j'allais à droite et à gauche, faisant le jeu de la corde raide sur un arbre mort allongé près du sentier, sautant de-ci, de-là, au fil des obstacles que je recherchais. L'oncle Pierre s'en amusait et riait à gorge déployée de mes prouesses enfantines. Mais, un jour, en sautillant de la sorte, j'entendis un petit cri strident et, en même temps, une odeur nauséabonde se répandit dans le bosquet. L'oncle Pierre se doutant bien que je venais de déranger une mouffette dans sa randonnée matinale, ne fit qu'un bond, m'arracha littéralement du sol où j'étais tombé et se mit à courir vers la route. L'air était devenu irrespirable.

- Alors petit, tu ne l'avais pas vue. Elle a raté la cible heureusement. Mais, il ne faut pas lui en vouloir. C'est sa seule défense. Tu sais que c'est gentil une mouffette. J'en ai apprivoisé une. Elle venait tous les matins manger dans une petite écuelle que je lui avais installée au bout du jardin. Elle s'assurait toujours que le chat de ta tante Berthe était bien dans la maison. En me voyant, elle était rassurée. Et tu sais, je pouvais m'en approcher.

Ces paroles avaient du coup fait disparaître et la puanteur et la crainte du petit animal que j'avais si furtivement aperçu, avec ses raies blanches sur le dos. Je sortais de cette aventure avec l'assurance que l'oncle Pierre était l'ogre le plus gentil du monde. Depuis lors, je n'ai jamais pu m'imaginer qu'il puisse y avoir de gros hommes méchants.

L'HARMONIUM

Lorsque nous avions quitté le homestead de Wilfrid Tessier pour venir habiter au village, maman avait quelque chose derrière la tête. En avait-elle dit mot à Napoléon? Elle seule aurait pu nous le dire.

Lorsqu'elle était pensionnaire au couvent de Saint-Léon, où se trouvait sa grande sœur Léonie devenue Sœur Marie-Thérèse, notre tante Thérèse, les religieuses lui avaient appris à lire la musique et à jouer de l'harmonium, un instrument fort connu et utile à l'époque. Ce petit orgue équipé d'un clavier et d'une soufflerie donne des sons dont on peut varier le timbre et la tessiture grâce à des clés et des manettes. Pour bien jouer, il faut harmoniser le mouvement des mains et des pieds. Maman était donc parvenue à jouer très habilement de l'harmonium. De là à tenir l'harmonium à la paroisse, il n'y avait qu'un pas. Elle le franchit rapidement en venant au village. Les offices religieux n'étaient pas nombreux, mais la messe du dimanche avait une importance capitale et mon père avait appris les rudiments du plain-chant; de sorte que le couple pouvait s'installer au jubé avec quelques autres chanteurs recrutés parmi les oncles et les cousins, et le tour était joué. Un des farceurs de l'endroit, Claude Pelissier, avait même donné à mon père le sobriquet de "chanteur de Kyrié". Quand Napoléon n'était pas à la tribune de l'harmonium, c'était soit Pierrot ou Tiennot Soulodre qui y allaient de leur plus belle voix de solistes. Les femmes n'avaient pas encore, à cette époque lointaine, du moins chez-nous, la permission de se faire entendre, sauf pour les petites messes du matin. Ainsi, fallait-il encore être nonne pour chanter la gloire du Seigneur.

C'est, plus souvent qu'autrement, dans notre minuscule salon-cuisine, que se déroulaient les exercices de chant, les "pratiques" comme on avait l'habitude d'appeler ces séances d'apprentissage à l'art vocal, avec tout ce que cela peut représenter de fausses notes et de recherche d'harmonie. J'y trouvais mon avantage, puisque, les soirs de répétition, j'avais la permission de veiller beaucoup plus tard. Mais, chose certaine je n'ai jamais pu assister, les yeux ouverts, au départ des artistes. Je trouvais fascinant pourtant, qu'avec tous ces petits carrés dans le livre du plain-chant on puisse parvenir à chanter tous ensemble. Papa m'avait expliqué le principe. Sur la portée de quatre lignes on avait placé des notes carrées. Quand les notes montent, il faut faire monter la voix, quand elles descendent, la voix suit la courbe vers le bas. Quoi de plus simple? Pourtant, que de difficulté à faire chanter tout le monde ensemble! Et maman qui disait tout à coup :

- Attention, Napoléon! Vous êtes allés trop vite. Alors, on reprend.

Et c'était comme ça jusqu'au moment où mes petits yeux se fermaient pour la nuit.

Le lendemain des exercices de chant, j'avais toujours davantage le goût de jouer, moi aussi, de l'harmonium, comme maman. Étant haut comme trois pommes, je parvenais difficilement à pédaler et à jouer une ou deux notes. Maman m'avait pourtant interdit de toucher à cet instrument qu'elle surveillait comme la prunelle de ses yeux. C'était un cadeau que lui avait fait papa les toutes premières années de leur mariage. Il en avait fait l'acquisition à un encan. Papa était friand de ces ventes aux enchères. N'ayant pas toujours de l'argent pour régler ses comptes, il offrait, pour payer la marchandise, un porc qu'il avait tué à l'automne et suspendu dans la grainerie près de la maison pour le faire geler. On ne parlait pas encore de congélation à cette époque! Parfois c'était un veau ou une vache ou encore du bois bien coupé, prêt à être brûlé dans un poêle de cuisine. Quant à l'harmonium, pour le payer, après bien des discussions, il avait loué ses services de bûcheron pendant une semaine chez le vieux Thompson d'Altamont. On avait bien ri quand papa nous avait raconté qu'arrivé à la maison avec cette merveille pour permettre à maman de poursuivre sa carrière de musicienne, il avait dit :

- Toi, tu vas jouer de la musique, pendant que moi, je vais bûcher ton harmonium!

SAINT-LÉON ET LES
CANADIENS

À vrai dire le plain-chant ne m'a jamais tellement attiré. J'aimais mieux entendre mon père chanter dans les veillées, surtout lorsqu'il nous était donné d'aller dans sa paroisse natale de Saint-Léon, située à une douzaine de milles de Saint-Lupicin.

À Saint-Léon, il n'y avait que des Canadiens, sauf quelques exceptions, telles que le père Curé Simon Nivon, ma tante, sœur Thérèse, et ses quelques consœurs des Chanoinesses des Cinq-Plaies, une communauté du Jura français. Ma tante connaissait toutes les expressions canadiennes et pouvait facilement raconter des histoires venant du Québec ou, comme on avait l'habitude de dire, du Bas-Canada. Elle aimait chanter leurs chansons et s'amuser de tous leurs petits travers. Cela tenait aussi de son tempérament un peu moqueur qu'ont certains Auvergnats. La tante Louise Chabidon en était un exemple frappant. Elle pouvait imiter tous les gens de Saint-Lupicin, surtout ceux qui avaient des traits physiques ou des traits de langage un peu particuliers. Quoi qu'il en soit, les gens de Saint-Léon étaient naturellement plus gais et farceurs que les gens de Lourdes ou même de Saint-Lupicin. Le pauvre père Antoine Simon, du haut de sa chaire, avait beau tenter de leur faire la morale, de s'insurger contre leurs sauteries, les Canadiens, chaque fois qu'ils en avaient l'occasion, chantaient et dansaient jusqu'aux petites heures du matin, malgré toutes les interdictions.

Papa ne se faisait donc pas prier pour retourner dans sa paroisse natale pour giguer et chanter l'une ou l'autre des quelque deux cents chansons de son répertoire. J'étais surtout impressionné par le fait qu'il pouvait relancer n'importe qui; c'est-à-dire qu'il chantait une chanson, un autre en chantait une à son tour, puis, il en chantait une autre et ainsi de suite. Papa pouvait donc tenir tête à n'importe quel chanteur de veillée et même à plusieurs à la fois. Il avait toujours une chanson à entonner. Parfois il devait consulter maman qui en savait toutes les paroles par cœur. Elles les lui soufflait très subtilement et en profitait parfois pour exercer une forme de censure. Certaines chansons étaient exclusives au répertoire de papa. Personne d'autre que lui ne les chantait. D'ailleurs elles avaient été composées expressément pour lui par des Français qui avaient habité à Saint-Léon à l'époque de sa jeunesse. "Chauffe, chauffe fort" et "la chanson de Saint-Léon" en étaient deux bons exemples. L'une parlait du Grand Tronc (Grand Trunk) et des misères de ses cheminots, surtout des chauffeurs de locomotive qui devaient alimenter à la pelle ces ogres qu'étaient les chaudières des puissantes locomotives à vapeur. Quant à la chanson de Saint-Léon, elle prenait pour têtes de Turc les personnages pittoresques de la paroisse, dont le père Antoine, un ancien curé qui avait eu maille à partir avec ses ouailles au chapitre de la danse. La chanson du "bacheleur" (du "bachelor" anglais) était particulièrement désopilante, quand on pensait que Napoléon, prolifique père de famille, y chantait les bienfaits du célibat! Maman censurait cette chanson chaque fois qu'elle devenait enceinte pour ne pas attirer l'attention sur son état.

Je vins très tôt à participer aux prestations de mon père dans les soirées. Afin de changer quelque peu son répertoire, papa, ayant entendu certaines chansons père-fils, avait décidé que je deviendrais son partenaire. Après quelques heures de répétition, j'étais prêt à affronter le public. Le premier auditoire qui se présentait tout naturellement était formé de la famille à laquelle s'ajoutaient des cousins ou cousines de passage à la maison. Après avoir passé une heure ou deux à patiner sur l'étang gelé, tous les jeunes entraient prendre un bon chocolat chaud. L'occasion était belle de faire un premier essai. Je ne pourrais pas vraiment dire à quel âge j'ai chanté ma première chanson, et surtout, je ne me souviens d'aucune de ces mélodies. Je me rappelle que l'une parlait d'un bel oiseau. Encore là, je n'aurais eu qu'à consulter ma mère qui, malgré ses quatre-vingt-dix ans, aurait pu encore m'en fredonner quelques-unes. Pour moi, chanter avec papa, c'était la chose la plus naturelle du monde et je crois que cela m'a rompu aux feux de la rampe. J'eus toutefois à passer à travers un enfer de timidité au cours des six premières années de mon cours classique. Mais ça, c'est une autre histoire.

C'est donc très tôt que je connus les privilèges rattachés à la vie d'artiste. J'étais adulé par les tantes et les belles cousines qui venaient me féliciter en m'appliquant de beaux baisers dont j'appréciais toute la saveur, surtout à l'époque où le rouge à lèvres était copieux et au fort goût de fraise ou de framboise! De plus, lorsqu'il y avait contingentement quant au nombre d'enfants à amener avec eux, lors d'anniversaires de mariage entre autres, mes parents me comptaient automatiquement de la partie et de la veillée. J'avais même priorité sur mes sœurs plus âgées qui devaient, en plus, assurer la garde de la maisonnée. C'est sans doute pour cette raison que mon frère aîné, Marcien, se mit à l'œuvre beaucoup plus sérieusement que moi. Il apprit plus tard toutes les chansons de mon père et des dizaines d'autres qu'il chanta avec beaucoup de succès jusqu'à sa mort. Il fut, en effet, victime d'un accident de chemin de fer, en 1972, à l'âge de cinquante ans.

L'annonce brutale de sa disparition demeure une

des grandes épreuves de mon existence. C'est une partie de moi-même qui m'était ravie, mais je perdais surtout l'illusion de la permanence sur terre des êtres aimés.

L'ARRIVÉE AU MANITOBA

Lorsqu'on me demande de parler de mes antécédents, de mes origines, je commence en disant que mes grands-parents maternels et paternels sont arrivés au Manitoba à peu près en même temps, un couple en provenance du Québec et l'autre de la Lozère dans les Cévennes, en France, au sud du Massif central. Mon père et ma mère sont nés la même année, en 1896, à trois mois d'intervalle et à douze milles de distance. En fait, la distance entre Saint-Léon et Saint-Lupicin. J'ajoute qu'ils se sont mariés à l'âge de vingt ans, et qu'ils eurent treize enfants dont je suis le cinquième.

Je fus donc, comme mes huit sœurs et quatre frères, le produit d'un "métissage biologique et culturel", selon l'expression de Léopold Senghor. Dès ma plus tendre enfance, je connaissais le goût de mon père pour de bonnes crêpes copieusement arrosées de sirop, le matin, et l'horreur de ma mère de devoir lui en faire. Quant au langage, les différences étaient trop évidentes pour nous échapper; tous étaient d'accord sur la justesse du vocabulaire de maman et l'esprit d'à propos et l'entrain de papa. Quel beau mélange nous faisions du point de vue culturel, avec la langue anglaise qui nous guettait à la porte ou du moins de l'autre côté de la clôture avec les Olsen, les Crampton et les Vermeer. Ces derniers, des Flamands, auraient bien pu être francophones, mais la mère étant d'origine irlandaise ou écossaise, nous n'avions pas le choix: avec eux, c'est l'anglais qu'il fallait parler. Et cela tant bien que mal. Un jour, nous avons appris par mon père à qui Mr Olsen l'avait raconté, que mon frère avait bien fait rigoler son grand fils en parlant du "gopher which went right up to the bottom"! Papa avait consolé Marcien en lui disant que le grand Olsen ne pouvait pas dire un mot en français et qu'il n'y avait rien là d'humiliant.

Le bilinguisme avait un avantage du point de vue religieux. Lorsque mon père entamait un chapelet de jurons pour corriger un cheval qui ne se conduisait pas bien sur la route, tel "maudit, torieu..." maman lui lançait :

- Napoléon, surtout pas en français!

La litanie se poursuivait, alors, infailliblement par des "God dam son of a..." De la sorte, nos pudiques oreilles n'étaient pas entachées de ces mots malheureux que nous aurions eu tendance à répéter. C'est pourquoi, aujourd'hui, je ne pourrais commencer pareille enfilade de jurons qu'en anglais! Car, il faut bien le dire, ce n'était pas péché, dans la langue de Shakespeare : le père Picod la comprenait si peu.

Si les gens du pays de la Montagne se comprenaient bien malgré leurs nombreuses différences d'origine, de langue et d'us et coutumes, c'est qu'ils avaient tous appris, à peu près en même temps, les rigueurs de la colonisation. Les raisons de leur migration étaient à peu près les mêmes.

L'abbé Théobald Bitsche voyait donc grossir sa paroisse de Saint-Léon chaque année et principalement vers les mois de juin et juillet. C'est ainsi qu'il accueillit, l'été de 1890, Napoléon et Perpétue

Bergeron en provenance de Saint-Charles-de-Mandeville, une paroisse du Québec située à quelques milles au nord de Saint-Gabriel-de-Brandon, au bord du magnifique lac Maskinongé. Napoléon étant associé à l'un de ses oncles dans l'exploitation d'une scierie-meunerie, en somme d'un moulin à scie et à farine, activé par une roue d'eau installée dans la rivière Mastigouche, il trouvait que deux familles ne pouvaient vivre décemment de la petite entreprise et décida de risquer la grande aventure de l'Ouest canadien. Il réunit tout ce qui était transportable en fait de matériel de sciage, deux scies rondes, deux chariots et de solides poulies de bois, environ deux tonnes de bagages, qu'il mit à bord d'une charrette de ferme qui suivit la "démocrate" de son frère en direction de la gare du Canadien Pacifique à Montréal. Après plusieurs jours d'attente dans la métropole, attribuable, semble-t-il, à des tracasseries administratives que leur infligeaient les employés du chemin de fer qui, encouragés par les instances supérieures, ne voyaient pas d'un bon œil le départ de Canadiens français allant s'établir au Manitoba, le train pour Winnipeg se mit enfin en branle. Quel soulagement pour Napoléon et Perpétue qui avaient cru, un moment, être obligés de retourner bredouilles dans leur petit village! Ils auraient été la risée de tous. Quatre jours et trois nuits plus tard, ils profitaient de l'hospitalité d'une cousine de Perpétue installée avec son mari à Saint-Boniface. Tous prirent un bon bain et s'étendirent sans se faire prier sur les paillasses que la cousine leur disposa, dans tous les sens, dans le salon et la salle à manger. Quelques jours plus tard le train les amenait à Manitou où les attendaient Louis Beauchamp et deux de ses grands fils qui, grâce à deux attelages de chevaux fringants, les transportèrent en moins de deux heures à leur demeure située en face de l'église de Saint-Léon. Louis Beauchamp était un colon particulièrement débrouillard qui voyait au progrès de la principale paroisse de la région de la Montagne. Son souci premier fut d'installer Napoléon et sa famille sur un petit lopin de terre qu'il avait lui-même défriché avec ses fils et sur lequel il avait construit une petite mais solide maison en rondins. C'est ainsi que commença l'aventure des Bergeron dans l'Ouest canadien.

Perpétue avait pourtant d'autres desseins en tête, si bien que Napoléon dut se plier à ses exigences et aller s'établir l'année suivante à Saint-Boniface où elle croyait pouvoir donner une meilleure éducation à ses enfants. Reconnaissant toutefois que son mari ne pouvait y travailler nulle part, un an plus tard elle retournait auprès de lui à Saint-Léon, où ce dernier avait mis en marche une petite scierie près du lac Rond tout près du village. Le pauvre homme devait deux ans plus tard, en 1896, succomber à une pneumonie contractée lors de la livraison d'un voyage de planches au village voisin de Notre-Dame-de-Lourdes.

UN GRAND-PÈRE ENTREPRENANT

Heureux ceux qui ont la chance de connaître leurs grands-parents! Ils ont très tôt le sens de la lignée, de la chaîne sur laquelle ils sont appelés à faire la trame de leur vie. Pour ma part, je n'ai connu qu'une grand-mère. Mon grand-père paternel est décédé à l'âge de trente-cinq ans et ma grand-mère quelques années plus tard, laissant mon père orphelin à cinq ans. Pas étonnant que mon père ait tant tenu à se donner une grosse famille, bien à lui! C'est ce que disaient mes oncles auvergnats et l'oncle Étienne de Bretagne qui aimaient bien le vaillant Canadien qu'était papa à leurs yeux. Il était habile en tout : charpentier, bûcheron, saigneur de cochons, boucher, coiffeur pour hommes, chanteur, et animateur de soirées... Napoléon était un homme à tout faire et ses neveux et nièces parlaient toujours de l'oncle Napoléon en des termes très élogieux.

Maman, elle, était reconnue pour être une sainte femme. Elle aussi se devait d'être débrouillarde et, surtout, en bonne santé. Avec les grosses familles de l'époque, une santé délicate était une catastrophe. Mais maman avait de qui tenir car la venue du grand-père Jean-Antoine Bourrier au Canada en 1891, à l'âge de soixante ans avec une dizaine d'enfants tient de la légende, du moins, ce fut une aventure incroyable. Le grand-père, après avoir eu dix enfants d'une première femme, épousa ma grand-mère qui en eut neuf, ma mère étant la cadette de trois filles nées au Canada. À la naissance de maman, son père avait 66 ans. C'est pourquoi nous l'avons toujours entendu parler de son "vieux père".

Sur la foi d'une lettre reçue de son grand ami Jean-Pierre Pantel, lettre dans laquelle il parlait en bien des possibilités de bien vivre au Canada, Jean-Antoine commença les démarches en vue d'y émigrer. La première question : lesquels de ses enfants viendraient avec lui et sa femme? Tout naturellement ceux de la deuxième famille, mais l'ennui était que quatre de la première étaient encore relativement jeunes et célibataires. La décision ne fut pas facile à prendre, comme nous l'apprend maman dans ses mémoires, "ils quittèrent la Lozère le 5 avril 1891. Ils étaient douze personnes ; nos parents et six enfants, Louis, son épouse et leur petite Marie, et Mélanie, la dernière du premier lit". Louis dont il est question ici, était l'aîné des fils du premier lit, qu'on appela par la suite le "grand Louis". Le grand-père laissait donc derrière lui huit enfants de la première famille, dont quatre encore célibataires.

Quelle équipée! Après les adieux d'usage qui furent certainement très touchants, les migrateurs gagnèrent Paris qu'ils eurent le loisir de visiter pour la première fois. La tour Eiffel, les Champs-Élysées, les Invalides, le tombeau de Napoléon... mais ma grand-mère était surtout heureuse de revoir ses frères qui demeuraient du côté de Clichy, comme tous les Auvergnats. Puis, ce fut le départ pour le port de Dieppe où les attendait le New-Haven qui devait les transporter en Angleterre. Dans ses mémoires, maman nous dit que, même si le voyage ne dura que quatre heures, tous eurent le mal de mer et ne s'en remirent que dans le train pour Liverpool où un vapeur allemand, nouvellement transformé de bateau à voile qu'il était, les accueillit avec les quelque dix-neuf cents autres passagers. Seize jours plus tard, c'est le soulagement de l'arrivée à Halifax! La pauvre grand-mère devait être épuisée avec son bébé de six mois dans les bras, en l'occurrence, ma tante Agnès. Puis, le train du C.P.R. les amena à Montréal, et de là, vers Winnipeg. Heureusement, c'était le printemps et ils purent admirer le splendide paysage sauvage au nord du lac Supérieur. Imaginez ce qui devait se passer dans toutes les petites têtes des enfants! Des jours et des jours de trajets, sur mer, sur terre, dans des voitures de chemin de fer peu confortables. Pas question de couchettes! Heureux encore d'avoir des banquettes pour chacun; on peut s'étendre un peu. Et tous ces arrêts! Mais... finalement :

- Winnipeg. Next station... Winnipeg!

- Allez, ça veut dire qu'on descend!

Je vois le grand-père passer sa main sur ses moustaches.

- Enfin, nom de nom, nous voilà arrivés, ou presque!

Je me suis toujours imaginé le grand-père tel qu'il est représenté avec grand-mère, sur sa photo, dans un cadre ovale.

- Ils ont l'air de deux condamnés à mort, disait mon frère Marcien.

Grand-père avait de longs favoris qui lui faisaient des bajoues. Le regard alourdi par l'âge, il faisait passablement austère. Le vrai Auvergnat!

- Est-ce qu'il chuintait?

- Pas du tout, répond maman. Mon père parlait un français impeccable. Il avait dû l'apprendre à l'âge de six ans, lorsqu'il est allé à l'école. Avant cela, il parlait le patois de la Lozère, tiré de la vieille langue d'oc.

- Mais le grand-père, c'est un Mistral, un Occitan! Pour lui, le français, c'est donc une langue apprise, une seconde langue, une langue imposée?
Ça donne à réfléchir.

- Et quelle langue parlait-il à la maison?

- Le français, toujours le français. Il ne nous a jamais permis, à nous ses filles, de dire un mot de son patois qu'il aimait bien parler avec ses grands fils.

- Donc, maman, grand-père aimait parler son patois?

- Oh oui! il y tenait même. Tiens, à ce point que ton père a dû me demander en mariage en patois!

Et c'était bien vrai que le petit Canadien avait dû se pourfendre d'une phrase bien apprise, que l'oncle Jules lui avait fait répéter, pour dire :

- Eh, le Paye, y donna... bastadro à la iou?

Voilà tout ce dont je me souviens de cette phrase

qui se terminait par "à la iou." Et papa précisait toujours :

- ...et vous voyez, en patois "iou" ça veut dire "moi".

Quand on abordait ce chapitre de la demande en mariage, maman nous a toujours dit que le grand-père avait répondu "oui" sans sourciller. Pourtant en vieillissant, elle nous a laissé entendre, à mots couverts, que le grand-père ne voyait pas d'un très bon œil un jeune Canadien lui ravir sa cadette. C'était d'ailleurs la seule de ses filles à épouser un gars du pays. L'oncle Jules avait bien épousé Kate Chartrand dont la mère était irlandaise et qui ne parlait pour ainsi dire que l'anglais. Mais, nous, nous savions que la tante Kate comprenait tout ce que nous disions en français même si elle ne nous parlait qu'en anglais. Elle avait parfois l'obligeance, ou l'obligation, de nous dire quelques mots en français. L'important, dans tout cela, c'est que le grand-père avait dit "oui."

Toutes ces considérations ont laissé notre grand-père immigrant et sa famille à la gare de Winnipeg. Des Français de Saint-Boniface, ayant été mis au courant de leur arrivée, s'y étaient rendus pour les accueillir. Heureux de voir des compatriotes arriver de leur pays, ils passèrent de bons moments à raconter leur aventure. Ce fut une fête fort appréciée qui mettait un peu de baume sur toutes les souffrances endurées. Puis, on se rendait compte qu'on n'avait pas été les seuls à vivre semblable transplantation. Dès le lendemain, la troupe reprenait le train à la gare centrale à destination de Manitou, desservi par le Northern Pacific. Le trajet serait d'environ trois heures, puisqu'il fallait s'arrêter à toutes les petites gares, le long de cette voie un peu plus cahoteuse que celle de la grande ligne. En gagnant le sud de la province, le convoi faisait alors un virage vers l'ouest et s'engageait dans les collines

Pembina. Le grand-père se revoyait de plus en plus dans le rude pays de la Lozère.

- Get ready, Manitou is the next stop.

Manitou étant le mot magique, les enfants comprirent qu'il fallait se préparer à descendre. Surtout ne rien oublier! C'était la hantise de tous les instants. Dans le fourgon des bagages, des dizaines de boîtes à descendre. Heureusement, les fils Bourrier avaient les bras solides. À Manitou, ce fut la fête des retrouvailles. Jean-Pierre Pantel était là avec deux de ses fils Privat et Jean-Baptiste. Avec leur fort accent du midi, ils souhaitèrent la bienvenue à leurs amis qu'ils entraînèrent rapidement vers les charrettes à bœufs pour les amener à leur destination finale de Saint-Léon, à une quinzaine de milles au nord. Le trajet fut presque aussi long que celui de Winnipeg à Manitou. Ce n'est que vers les huit heures du soir que les deux charrettes s'arrêtèrent devant la maison des Pantel, au grand soulagement des bœufs exténués et des passagers morts de fatigue.

UN PAPA SURVENANT

Papa avait le don de nous faire d'agréables surprises. Chacun de ses retours de Melville nous en réservait une. N'était-ce pas ainsi que nous était arrivée ma petite sœur Gertrude?

Le rituel habituel avait été accompli. Tous les enfants avaient été transportés dans la nuit par l'homme engagé chez l'oncle Arthur et la tante Béatrice, sauf moi qui n'avait que dix-sept mois. Le grand cousin Tiennot était ensuite allé chercher la tante Berthe et, par un beau matin d'octobre, un autre vagissement s'était fait entendre dans la petite maison de rondins. Quelques heures plus tard, mon père arrivait par le train de midi. À leur retour de l'école, les enfants apprirent donc que le nouveau cadeau du ciel leur avait été apporté par papa dans son "satchel", sorte de petite valise que transportaient avec eux les cheminots. Elle avait la forme d'une trousse de médecin. Étant trop jeune pour deviner le subterfuge, j'aurais même été d'accord pour trouver que c'était probablement la raison pour laquelle notre sœur cadette était si minuscule. Chez nous les histoires d'Indiens ou de cigognes n'avaient guère de sens : les bébés venaient au monde sous les feuilles de choux, dans les buissons, si la saison était propice. En automne et en hiver, il fallait trouver autre chose, mais la logique subissait souvent des entorses. Ainsi, la petite valise de papa était une trouvaille extraordinaire, de telle sorte que si vous posez la question à Gertrude :

- Où es-tu née?

il lui viendra peut-être le réflexe de vous répondre :

- Dans la petite valise de papa.

C'est à voir! À ce chapitre de la sexualité, sujet tabou par excellence, viendront plus tard s'ajouter mes propos sur ma découverte des mystères de la vie, grâce à la grande sagesse de mon frère Marcien.

LE GRAMOPHONE

À bien y penser, mon père était une sorte de Survenant. Dans ses cavales dans le vaste monde, ce qu'il en apprenait des choses!

Un jour, il nous révéla qu'il avait vu, de ses yeux vu, un appareil qui pouvait jouer de la musique sur commande. On avait qu'à insérer cinq cents dans une petite fente, presser sur un bouton pour indiquer le choix d'une chanson, et aussitôt le chanteur se mettait à l'œuvre sans plus. Quelle machine de génie! Pour bien expliquer sa nouvelle découverte, il nous avait rapporté un petit gramophone, un gramophone de table. Nous connaissions l'existence de ces merveilles, puisqu'il y en avait un chez l'oncle Jules, de même qu'un piano mécanique. Avec le phonographe, trois disques dont "Barnie Google", un tube des années vingt. Barnie Google, with the goo, goo, googly eyes! Mais ce qui me fascinait par-dessus tout, c'était d'entendre à la toute fin du disque, juste avant les grincements du sillon du centre, le hennissement d'un petit cheval. Je n'attendais que ce moment-là. Que de fois j'ai failli me tuer à essayer de faire jouer le gramophone que maman juchait tout là-haut, au-dessus de son vaisselier! Que d'embêtement pour le changement d'aiguilles, et combien de fois n'avons nous pas passé outre à la consigne du changement à tous les dix disques! Au bout de quelques mois, les 78 tours étaient devenus inécoutables.

- Surtout, les enfants, ne laissez jamais le bras tomber sur le disque! Ça fait des trous. Puis, l'aiguille saute ensuite et ça cafouille.

Lors d'un de ces retours merveilleux, mon père nous apprit que les disques pouvaient aussi chanter en français. Il nous en apportait une preuve éclatante, sous la forme d'un enregistrement portant une étiquette en français.

- Cependant, devait-il préciser, ce disque est un Pathé français, et notre gramophone est un RCA "La voix de son maître". Mais on m'a dit que ça pourrait marcher.

Le résultat ne fut pas très convaincant quant à la qualité des disques français. C'était "Toi et moi" chanté par M. Berval et une femme dont le nom m'échappe.

Heureusement, lors de son retour suivant, notre papa Survenant nous rapportait un beau disque RCA avec Ovila Legaré qui chantait une vraie chanson québécoise comme celles qu'il chantait. C'était toute la différence!

Puis un beau jour, papa profita d'un repas où nous étions tous réunis autour de la grand-mère Marie Bourrier, pour nous annoncer que nous retournerions probablement à la ferme. Nous déménagerions dès le printemps, mais pas avant d'avoir refait la toilette de la petite maison de rondins. Les bâtiments auraient aussi besoin de réparation. Tout cela se ferait rapidement puisqu'il pourrait même commencer les travaux au cours de l'hiver. Marcien s'en réjouissait car il pourrait enfin avoir des chevaux à conduire. Antoinette émit quelques objections. Ce serait loin pour venir à l'école Faure qui venait tout juste d'être agrandie. On avait transporté la vieille école, qui était tout près de notre maison, sur un terrain près du carrefour des quatre chemins et on lui avait ajouté une classe toute neuve. Sur la devanture, on avait placé un bel écriteau "École Faure". Papa avait dit :

- C'est comme en ville.

Ça voulait tout dire! Mais, ce qui m'avait surtout fasciné dans tout cela, c'était le déménagement de la vieille école. Un beau matin de juillet, des hommes étaient venus creuser des trous tout autour, ils l'avaient soulevée grâce à de puissants vérins et placée sur des rouleaux, des tuyaux qu'il fallait aller replacer à l'avant à mesure que l'école avançait, tirée par un seul cheval. Je n'en croyais pas mes yeux! Et c'était un des chevaux d'Édouard Bourrier, donc un cheval ordinaire, qui, en tournant autour d'un piquet planté en terre, permettait à l'école d'avancer, à pas de tortue, il faut bien le dire! Ce manège dura deux bonnes journées. Je me disais que la pauvre bête devait être étourdie à force de tourner. Pour commencer l'oncle Pierre avait dû la diriger, mais après quelques tours, elle y allait d'elle-même, retenue par une simple guide attachée avec un anneau au centre du piquet. Je tenais à tout comprendre de ce qui se passait. Si certains détails me manquaient, l'oncle se faisait fort de m'expliquer. C'est peut-être grâce à ce premier exemple de génie que la mécanique m'a toujours grandement intéressé.

Nous avions donc une belle école et, pour y enseigner, des religieuses venues de Notre-Dame-de-Lourdes habitaient maintenant le nouveau couvent situé juste derrière. C'est à mon père qu'on avait confié la tâche de faire la plantation des arbres. Ce qu'il dû faire très minutieusement puisque les arbres devaient un jour fournir des allées où pourraient déambuler les nonnes semi-cloîtrées des Chanoinesses Régulières-des-Cinq-Plaies. Le tout ferait une grande croix dont l'épicentre serait le couvent.

- On verra le résultat de tout ça dans vingt ans, avait dit mon père qui avait scrupuleusement suivi les plans que lui avait remis la mère supérieure de Lourdes. Vingt ans, c'était pour moi le presque-jamais, "l'inatteignable"! C'était, m'avait dit maman, presque l'âge de Didi.

Didi était la cousine Chabidon qui venait me garder pendant qu'elle allait aux exercices de chant à l'église. Il arrivait que je devais coucher avec elle. Marcien m'avait dit que je ne devrais pas accepter de coucher avec une fille, que je risquais de ne jamais devenir un homme, puisque les vrais hommes ne couchent pas avec les filles, à moins de se marier avec elles. Ne comprenant trop rien à ses propos, je m'étais pourtant dit que Marcien, qui avait quatre bonnes années de plus que moi, devait avoir raison. Chaque fois qu'il était question que je couche avec Didi, je devais donc pousser les hauts cris et ne cesser que lorsque j'avais l'assurance qu'elle rentrerait chez elle à la fin de la soirée. Fatalement, je me réveillais le lendemain matin avec la grande cousine à mes côtés. Ce qu'elle n'a jamais su peut-être, c'est que l'auteur de cette tragicomédie qui devait se poursuivre durant tout un hiver n'était autre que mon aîné à qui on attribuerait aujourd'hui le vocable de "macho" avant l'heure, celuilà même qui devait me donner quelques années plus tard mes premières leçons de sexualité.

LE RETOUR À LA FERME

Notre retour à la ferme devait être l'occasion d'un changement de vie, d'une aventure nouvelle, puisque je n'avais aucun souvenir du premier séjour sur ce quart de section, c'est-à-dire 160 acres de terre, situé précisément à trois milles de Saint-Lupicin. Pour mon père, cela fut certainement une sorte de retour à la normale. Au village, il était devenu un peu l'homme à tout faire et l'homme à tout le monde, qui avait peine à s'y retrouver. Mon père n'aimait pas les zones grises. Pour lui, les situations se présentaient en blanc ou en noir. Son langage simple et direct l'amenait souvent à dire :

- Est-ce que j'ai tort, ou est-ce que j'ai raison? C'est blanc ou c'est noir.

Ce genre de raisonnement dans un soliloque sans trop de nuances le mettait hors-de-lui. Nous savions s'il était heureux ou malheureux par les propos qu'il tenait à ma mère. Sa voix était enthousiaste et souriante si tout allait bien, à sa façon, mais quand le ton montait et qu'il lui adressait des reproches, que nous savions injustifiés, c'est que ça ne tournait pas rond dans sa tête. Maman se défendait tant bien que mal et quand il dépassait la mesure, les regards des enfants se tournaient vers elle dont le ton devenait larmoyant et parfois suppliant. À tout coup, papa se calmait.

- Bon, bon, ça va faire. On en reparlera. Maudite affaire!

À partir de ce moment, soit que le chapelet des reproches recommence ou que maman entame la récitation de son chapelet pour rétablir un climat nouveau. Souvent ces séances de défoulement de mon père se déroulaient dans le boghei, l'été, ou dans la berline, l'hiver.

Nous avions en effet trois milles à faire pour nous rendre au village : un mille à l'est, un mille au nord et un autre mille à l'est. À la grande côte de l'oncle Louis, au dernier mille, c'était la descente vers Saint-Lupicin, le plus beau moment du trajet en hiver comme en été. L'hiver, nous savions que les briques chaudes n'en avaient plus pour longtemps à nous prodiguer leur chaleur et nous avions hâte d'arriver. En été, le paysage était fascinant et nous pouvions voir que notre petit monde était rattaché au reste de l'univers par une sorte de nuage bleuâtre un peu gélatineux. C'était le bas de la montagne : Roseisle, Carman, le monde des Anglais, au-dessus duquel nous voguions sans qu'ils le sachent trop. Là-bas, au loin, même plus loin que l'horizon, c'était la grande ville de Winnipeg et notre grande ville à nous, plus petite toutefois, Saint-Boniface, qu'on irait voir un jour. Trois milles c'était long et pourtant parfois c'était trop court; ça dépendait de la conversation. Si nous devions faire monter un étranger aux propos intéressants, alors là, le temps passait trop vite. Le moment était propice aux nouvelles de la région, aux cancans de la paroisse. Et

surtout quelle variété dans les sujets traités : la religion, la guerre, les sciences, celles des Russes en particulier, qui semblaient toujours avoir le haut du pavé.
Les yeux fixés sur la croupe des deux chevaux dans
l'encadrement du pare-brise de la berline, nous apparaissait tout ce vaste monde si lointain, si ténébreux
par moment, si exaltant parfois. Bien au chaud dans
nos peaux de bison, nous savions que tous ces
malheurs ne pourraient nous atteindre. Seules les
bonnes choses nous parviendraient car la Providence
était de notre côté.

Pour maman, le retour à la ferme, c'était la catastrophe. C'était le retour aux souffrances de l'éloigne-
ment, de la solitude et surtout des tâches ménagères
sans répit auxquelles s'ajoutaient les besognes de la
ferme. Au village, les enfants étaient à l'école, à deux
pas de la maison. Ils venaient à l'heure du midi et, le
repas terminé, regagnaient aussitôt la cour de
récréation. Elle avait plus de temps pour elle-même.
D'ailleurs, pas une journée ne se passait sans qu'elle
n'ait la visite de l'une ou l'autre de ses sœurs, de ses
frères ou des nombreuses bonnes camarades
d'enfance. Sa grande amie, Sœur Céline (Payette),
venait de prendre la direction de la petite classe, et
Sœur Philomène, celle des quatre niveaux supérieurs.
N'ayant qu'une seule vache à traire, pas de lait à
écrémer, aucun autre animal à soigner, elle pouvait
passer beaucoup plus de temps à jouer de l'harmonium. Pendant les semaines d'absence de papa, notre
grand-mère venait passer trois ou quatre jours avec
elle. Maman lui confiait la préparation des repas et la
garde du bébé et se permettait quelques sorties au
village, ou encore était en mesure de répondre aux
urgences de son métier de sage-femme. Car il faut dire
que, comme la tante Berthe, maman avait aussi sa
clientèle de femmes à accoucher. Sa sœur Agnès, sa

grande amie Henriette Dodds, ma marraine, tante Béatrice figuraient sur la liste de ses abonnées, de même que la famille Fraser, des Canadiens du Québec, où chacun des sept ou huit enfants fit son entrée dans ce monde entre les mains de maman.

Combien de fois n'ai-je pas accompagné ma mère au presbytère où elle se rendait voir le père Picod pour repasser avec lui l'ordinaire de la messe du dimanche suivant. Nous montions ensuite au jubé de l'église où elle s'exerçait à l'harmonium. D'un seul coup, tout cela allait lui être ravi. Elle se revoyait captive des trois milles, des animaux, des bébés, puisque le docteur Galliot lui avait annoncé, lors de sa dernière visite, qu'elle était de nouveau enceinte. Les larmes et les chapelets se succédaient et les conversations avec les tantes étaient empreintes d'une grande tristesse. Mais papa avait dû trancher, "c'était la ferme, ou nous devrions crever de faim". Et c'est là que j'ai entendu parler du "krach" pour la première fois. Ce mot était magique et prononcé de bien des façons : le "crache", le "crac", le "crash" à l'anglaise. Mais c'était toujours la catastrophe, une fin du monde imminente, une sorte de folie générale qui s'était emparée des riches et qui les avait même amenés à se suicider. Le pire récit nous avait été raconté par l'oncle Louis. Un homme et une femme avaient sauté ensemble d'un édifice de trente-deux étages. On les avait trouvés écrabouillés sur le trottoir. Trente-deux étages, ça faisait dix fois le clocher de l'église et sept fois la hauteur de l'élévateur à grain d'Altamont!

- Un de ces jours quelqu'un sautera du nouvel édifice de l'Empire State, avait ajouté l'oncle Louis à maman qui ne pouvait s'imaginer comment une bâtisse d'une centaine d'étages pouvait tenir debout. Elle en oubliait du coup tous ses petits problèmes personnels et nous incitait à prier encore plus fort pour que cette infortune se tienne encore loin de nous. Et c'est ainsi peut-être qu'elle accepta le pénible retour à la ferme avec moins d'amertume.

UNE SAINTE MÈRE

Avec ses deux neveux Soulodre, Pierrot et Tiennot, mon père avait passé quelques jours à redresser les bâtisses de la ferme et avait construit un petit poulailler tout près de l'étable. Firmin Bourrier lui avait laissé un bon meulon de paille, une "grainerie" d'avoine et du foin dans la grange.

- Avec ça et un bon puits, je pourrai me défendre cet hiver, avait dit Napoléon sur un ton rassurant.

Quatre chevaux, deux vaches et un veau, deux cochons et une douzaine de poules, cadeau de la grand-mère qui avait décidé de ne plus avoir de poulailler près de sa petite maison que lui avait construite l'oncle Louis. Nous pouvions dormir tranquilles, la famille ne manquerait de rien. D'ailleurs les bras de papa ne nous avaient jamais fait défaut, pas plus que les prières et les sacrifices de maman. C'est à partir de cette époque que nous avons appris que nous avions une sainte mère. Les saintes femmes de l'Évangile n'avaient qu'à bien se tenir, car maman était maintenant sur les rangs de la sainteté. Antoinette nous avait dit que même le père Picod reconnaissait que maman méritait maintenant ce titre. C'était tout dire! D'une façon, cela aurait dû nous faire plaisir. Pourtant Marcien me confiait que cela l'embêtait.

- On pourra plus rien faire. Les saints sont toujours en prières. Aussi bien s'enterrer vivant. J'ai surtout pas envie de finir en statue. Ça veut dire que la prière du soir va encore allonger. Moi, un jour, je vas quitter la maison, pis j'vas me rendre dans le nord où ya plus personne. J'vas me construire une cabane et j'vas vivre là avec mes chiens.

Il avait une réponse à tout.

- De quoi vas-tu vivre?

- J'vas trapper des belettes, des visons. Majorique m'a dit qu'il y en avait beaucoup dans le nord. Pis, une fois par année, je descendrai vers Winnipeg vendre mes peaux à la Hudson's Bay.

Je reconnaissais là des propos tenus par Majorique, notre homme engagé, qui nous racontait ses aventures comme s'il les avait vraiment vécues. Il parvenait ainsi à nous épater. Mais nous savions qu'en réalité, il n'était pas très heureux.

- Il peut atteler les chevaux, les soigner, les étriller et les conduire assez bien, mais Majorique n'aime pas traire les vaches, ni labourer les champs. Il était fait pour travailler dans une ferme de chevaux de course. Papa voyait sans doute juste. Il ne comprenait surtout pas pourquoi Majorique jugeait nécessaire de si peu s'habiller en hiver. Je lui ai demandé l'autre jour, alors qu'il grelottait devant le magasin Chez Payette : Comment fais-tu, avec tes petits souliers vernis, ton petit pantalon d'été et pas de manteau sur le dos, comment fais-tu pour pas avoir froid? Savez-vous ce qu'il m'a répondu? "C'est bien simple, j'me gèle!"

En fait, sans se prendre pour Valentino, Majorique aimait bien faire de la façon aux filles, sans que ça aille plus loin. Du moins c'est ce que disait la cousine Alphonsine, la fille de tante Berthe. Mais Majorique était fiable et mon père lui faisait confiance quand il devait s'absenter pour un mois ou deux. Parfois, maman faisait appel à son grand neveu Tiennot, qui, lui, connaissait tout de la ferme et qu'elle pouvait traiter comme son grand garçon.

Le premier été se déroula très agréablement. Dès notre arrivée à la ferme par une belle journée de printemps, vers la mi-mai, notre chienne Popette avait donné naissance à celui qui devait devenir mon compagnon de tous les instants : Papino. Ce nom peut surprendre et, rassurez-vous, il était bien rattaché au grand patriote Louis-Joseph. C'est par simple pudeur que j'en ai ici transformé l'orthographe. Lorsque Popette avait mis bas, mon père ne nous en avait dit mot. Il avait choisi un chiot parmi les cinq, parce qu'il semblait le plus vigoureux et le plus beau avec sa petite touffe blanche sur le front. On n'a jamais su comment les autres avaient disparu.

- Regardez! nous avait-il dit, en portant bien haut le chiot à l'admiration de tous. Ne trouvez-vous pas qu'il ressemble à Papineau dans votre livre d'histoire du Canada? C'est le plus beau petit chien que j'aie jamais vu. Tiens, Piton, il est à toi.

J'empoignai Papino avec ravissement, tout heureux d'avoir été choisi pour m'en occuper. Marcien, lui, ne s'intéressait qu'aux chevaux qu'il pouvait déjà conduire très habilement du haut de ses neuf ans. Mais la naissance de Papino devait nous faire vivre des moments douloureux quelques mois plus tard. Nous étions tous attentifs au moindre besoin du nouveau venu qui partageait de plus en plus tous les moments de notre existence. C'est tout juste si la pauvre Popette avait l'occasion de le nourrir; je le lui ravissais aussitôt pour lui faire partager mes jeux, surtout à l'intérieur de la maison, alors que sa mère n'avait pas le droit d'y pénétrer. Un beau matin de juillet, mon père nous amena, Suzanne, Marcien et moi à l'écurie pour nous montrer ce que nous avions fait. Ses propos étaient, en effet, pleins de reproches à notre endroit.

- Tiens, regardez, vous l'avez fait mourir de peine. Vous ne vous êtes occupés que de Papino. Popette est morte d'ennui.

Les larmes nous montèrent aux yeux! Mais que faire? Elle était bien là, étendue de tout son long, comme endormie. Elle n'avait que la peau et les os. Comment ne pas nous être aperçus de sa détresse? Papa avait bien raison. À bien y penser, nous l'avions complètement oubliée, la pauvre Popette. Ce fut mon premier contact avec la mort, une mort dont le souvenir m'a longtemps hanté et qui me rappelle encore aujourd'hui qu'on peut mourir de chagrin.

Je devais déjà à sept ans faire certains des travaux de la ferme : pomper de l'eau dans l'auge et voir à ce qu'elle soit toujours pleine, rentrer le bois pour le poêle de la cuisine, m'assurer qu'il y ait toujours de l'eau dans le chauffe-eau de la cuisine, à l'extrémité droite du poêle, aller chercher les vaches, ou même, parfois, les garder dans une partie non clôturée de la ferme où elles trouveraient de la belle herbe. Je n'avais vraiment pas le temps de m'ennuyer. Pourtant certains jours de grand vent, assis sur la bande d'herbe verte au bord du potager, je confiais à Papino les misères de mon existence.

Les vents de poussière qui soufflaient sur la vaste Prairie de l'Ouest canadien semblaient atteindre dans notre région de la montagne une sorte de paroxysme. Le ciel s'obscurcissait au point de nous faire croire à une éclipse ou à l'apparition d'un soleil noir. L'air devenait irrespirable et les animaux recherchaient un abri contre ce blizzard de sol arable en mouvement. Papa nous disait que c'était les terres de la Saskatchewan qui s'envolaient ainsi et qu'il ne restait presque plus d'humus pour cultiver le blé, l'avoine ou l'orge dans ce qui était, il n'y a que quelques années, le "grenier du monde". Les paroles de mon père avaient pris une telle ampleur dans mon esprit que, chaque fois que se produisait ce phénomène, je m'imaginais assister à une sorte de déchaînement des forces terrestres et célestes, une fin du monde en puissance. Puis soudain, vers les cinq heures de l'après-midi le vent cessait et le soleil luisait de tous ses feux. Le beau temps était revenu. Un gopher sortait de son trou, Papino se mettait à sa poursuite, creusait à en perdre haleine pour rejoindre le petit animal dans son terrier. La plupart du temps, c'était peine perdue, le petit rongeur de la plaine, gros mangeur de céréales, avait assuré son sauf-conduit en creusant son tunnel dans toutes les directions, avec même des issues secrètes en cas de poursuite.

- Va, Papino, va chercher les vaches, c'est l'heure de la traite. Va, va.

La langue pendante, la gueule pleine de terre, les yeux empoussiérés, il partait à vive allure alerter les vaches de son aboiement vif et puissant. Les bêtes se mettaient aussitôt en route pour l'étable. Alors Papino revenait auprès de moi tout heureux de constater qu'elles avaient compris. À pas lents, elles se dirigeaient droit vers l'auge pour s'y désaltérer. Papa nous avait bien avertis :

- Ne faites jamais courir les vaches, elles risquent de perdre leur lait.

Papino aussi connaissait bien la consigne. J'avais dû à quelques reprises lui faire la leçon, en le frappant légèrement sur la croupe avec un bout de branche. Ce qu'il pouvait détester cela! Ça semblait le vexer profondément. Alors, il se retournait vers moi, comme pour me dire, "mais qu'est-ce que tu me veux? qu'as-tu à me reprocher?" Je devais alors profiter de ces secondes précieuses pour lui dire bien exactement ce qui n'allait pas. Surtout que maintenant, j'étais devenu grand garçon. Pensez donc! six ans : on a depuis longtemps l'âge de raison. Par moment, assis au bord du potager, mon lieu préféré de méditation, Papino à mes côtés, je repassais tout ce qui m'était arrivé depuis notre retour à la ferme. Le troupeau que j'avais devant moi dans le grand pré de l'autre côté du petit ruisseau, avait passablement grandi. Les veaux étaient devenus de jolies génisses, papa avait acheté la vache du père Picod, qu'on appelait la Baron, parce qu'elle avait appartenu avant à un certain Gustave Baron de Babcock, et un jeune taureau de race jersey commençait à essayer de nous faire peur en retournant brusquement son front frisottant vers nous. Nous ne le prenions pas encore au sérieux mais "avant longtemps, les enfants," nous avait dit papa, "vous devrez faire attention à lui. Il va avoir deux ans bientôt." Nous avions bien retenu l'avertissement. C'est d'ailleurs grâce à lui que mon grand frère put me parler de choses sérieuses, si sérieuses même que j'avais juré de ne dire mot de cette conversation à personne.

- À personne, tu m'entends, parce que je pourrais me faire disputer, avait-il précisé. Je risque beaucoup en t'en parlant.

Je m'étais alors signé le bec cousu et Marcien me posa une question que je m'étais déjà posée, mais à laquelle j'avais ma petite réponse à moi.

- Tiens regarde, regarde, en me montrant du doigt le jeune jersey qui tentait de monter sur le dos de la génisse Frisette. Tu sais ce qu'il tente de faire.

- Mais, oui, voyons, il veut s'amuser; je l'ai souvent vu essayer de la pousser.

- Tu n'y a rien compris, il veut lui faire un petit veau.

Interloqué, je lui réponds :

- Un veau? Comment ça?

Puis, en me faisant promettre encore une fois que je n'en soufflerais mot à personne, ni à maman, ni à papa et surtout pas au père Picod, il m'expliqua qu'au bout du grand crayon rouge qu'on voyait pendre parfois sous le ventre du jersey, il y avait de la semence qu'il faisait pénétrer dans le ventre de la vache. Après un certain nombre de mois, celle-ci donnerait naissance à un petit veau.

- Tu sais, quand on dit que la vache a vêlé, ben, c'est qu'elle a laissé sortir le petit veau par le trou qu'elle a sous la queue, le trou par où elle pisse.

J'étais éberlué, incrédule! Comment un veau pouvait passer par là? Pas possible.

- Tu me racontes des histoires. Ça n'a aucun sens. Je vais le demander à papa, il me le dira bien.

- Tu vas me mettre dans un beau pétrin, toi! J'aurais jamais dû t'en parler. Tu es encore trop bébé pour comprendre.

Du coup, je bondis sur mes pieds.

- Moi, un bébé?

Profitant du fait qu'il était assis, je lui sautai dessus et le tapochai de toutes mes forces. Papino se mit de la partie et Marcien eut de la difficulté à me coller les épaules au sol. Ce qu'il fit tout de même, quand il en eut assez de mes bousculades.

- Bon, bon. Tu n'es pas un bébé, mais essaie de comprendre ce que je te dis. Comment alors naîtrait un veau?

- Bien, comme les enfants... mais, eux, c'est dans le bois, dans un buisson. Tu sais que c'est toujours là que naissent les veaux, dans un buisson. C'est ce que nous dit toujours papa.

Et le grand frère de reprendre :

- C'est ben beau, mais qui met le veau dans le buisson?

- Le bon Dieu.

- Tu sais ben que non. Voyons, Dieu est ben que trop occupé pour faire ça!

- Dans le catéchisme, on apprend qu'il est partout. Il pourrait faire n'importe quoi, même un petit veau.

Exaspéré, Marcien me dit :

- Eh ben non! C'est la vache qui vêle dans le buisson, puis papa transporte le veau à l'étable. Tu as pas remarqué que la vache le suit en meuglant.

J'avais compris, mais mon incrédulité ne s'était pas encore pleinement apaisée. Marcien disparut à travers le buisson menant à la maison et je restai de longues minutes à songer à tout ce que je venais d'apprendre. Les papas, les mamans, les enfants, les petits veaux, les vaches, les taureaux, les juments, les poulins, les étalons... C'est donc pour ça que maman nous fait entrer dans la maison quand l'étalon de Sauteur arrive en haut de la colline.

- Allez les enfants dans la maison! Tout de suite!

- Mais maman, je voudrais le voir de près ce beau cheval de course.

Car c'était une bête superbe. Et son propriétaire en avait un soin jaloux. Il lui tressait la crinière et la queue, comme les mamans pouponnent les petites filles pour aller à la messe. J'avais bien remarqué que ces bêtes d'apparat, ces "chevaux de parade", comme avait dit mon père une fois, avaient sous le ventre et entre les pattes arrières des protubérances qui changeaient de forme souvent. Ces parties de leur anatomie étaient luisantes comme si on les avait huilées. Ces chevaux étaient toujours impeccablement entretenus, étrillés, brossés, parfumés même, comme pour les rendre séduisants. Les étalons de Pitou Lesage étaient particulièrement réputés dans toute la région de la Montagne. Le dimanche après la messe, les hommes se réunissaient derrière le magasin Chez Payette. Pitou faisait faire la parade à son magnifique cheval de trait. Puis, il était question de poids. Dix-huit cents livres, deux mille livres, c'était toujours des chiffres astronomiques. Quelle merveille de posséder pareille bête pour les travaux des champs. Le petit étalon de Sauteur, c'était pour la route, le gros cheval de Pitou Lesage, c'était un cheval de trait. À cette époque, pas encore question de parler de marque de voiture. Les chevaux étaient les maîtres de la route et des champs. De toutes façons, sans eux, qu'aurait-on pu faire en hiver? L'été, les autos sillonnaient déjà nos routes de terre battue assez allègrement, mais dès les premières neiges, elles disparaissaient toutes et les chevaux n'avaient plus à se soucier de ces machines infernales qui leur faisaient peur. Une de nos juments, la Gennie, ne supportait pas ces engins de malheur, aussi papa ne la prenait jamais pour nos randonnées à Saint-Lupicin ou Altamont. La Queen, qui portait bien son nom, la reine de l'écurie, était d'une docilité remarquable et semblait très bien accepter la co-existence avec les automobiles. L'oncle Étienne nous avait longuement expliqué le sens de ce mot en nous parlant de la traction hippomobile, du grec hippos, cheval d'où hippopotame, cheval de rivière. Nous avions donc le transport hippomobile et automobile, le moteur permettant à la voiture d'avancer par elle-même.

L'oncle Étienne avait la réponse à tout... ou presque. Nous savourions particulièrement ses histoires de la Grande Guerre. Ce qu'il a pu nous en raconter de ces faits d'armes où le héros était toujours à ses côtés. Décidément, il avait tout vu de cette guerre, l'oncle Étienne. Les généraux, les maréchaux, il semblait les connaître personnellement : Pétain, le héros de Verdun, le maréchal Joffre, Foche, Juin. C'est là que j'ai pris conscience qu'il y avait des gens haut-gradés et des sans-grades, des poilus, des pioupious, des soldats de l'infanterie, de la cavalerie, que les blindées jouaient un rôle de plus en plus important et que même il y avait des aéroplanes de reconnaissance qui volaient au-dessus des lignes de combat pour renseigner les commandants dans leur quartier général de la progression des manœuvres. Tous ces termes, nous les retrouvions ensuite dans l'Almanach Vermot que l'oncle Étienne nous permettait de regarder à condition de le lui remettre en parfait état.

MA PREMIÈRE COMMUNION

À l'âge de six ans, je devais faire ma première communion et mon entrée à l'école Faure de Saint-Lupicin. L'un et l'autre événements avaient une importance considérable pour moi. La religion jouant un rôle de premier plan dans notre vie, la préparation à la première communion devenait une préoccupation de tous les instants, d'autant plus que le père Picod insistait pour que cela se fasse très sérieusement. Nous devions pouvoir répondre aux questions du petit catéchisme, sans broncher. Celui-ci, version réduite du gros catéchisme des grands, portait essentiellement sur l'existence de Dieu, sur les sacrements, sur les péchés, les sacrifices, le ciel et l'enfer, enfin, tout ce qui nous permettait de nous considérer des êtres privilégiés sur cette terre comme enfants de Dieu, alors qu'il y avait tant de païens, d'impies, de non-croyants, d'athées et de chenapans de tout acabit. Nous étions les élus, les choisis, les riches de ce monde, non pas en argent ni en biens cependant, puisque c'était la Providence qui veillait au grain! Ce qui d'ailleurs n'était pas faux. Avec une sainte mère et un papa débrouillard et habile à tout faire, nous nous sentions en possession d'une forme de bien-être que pouvaient nous envier bien d'autres petits enfants de notre âge. Papa n'avait donc pas vraiment raison de se plaindre et de dire qu'il lui manquait toujours quatre-vingt-dix-neuf cents pour faire un dollar. Il faut aussi préciser que le troc jouait un rôle important. Avec une douzaine d'œufs, à dix cents la douzaine, papa pouvait à l'occasion s'acheter chez Henri Payette un paquet de dix cigarettes Sweet Caporal. C'était pourtant rare. Il préférait tout naturellement rouler ses cigarettes ou chiquer du tabac canadien, au grand désarroi de maman. Toutes les femmes pestaient d'ailleurs, avec raison, contre cette sale habitude qui justifiait l'existence de ces récipients non moins dégoûtants qu'étaient les crachoirs ou "spitounes". À la seule pensée de ces objets qui ornementaient nos "beer parlors" et des scènes affreuses auxquelles ils présidaient, on pourrait croire que nous avons accompli des progrès considérables en peu de temps! Oui, les temps étaient durs, mais nous étions tous dans le même bateau. Et vogue la galère!

Je savais donc les réponses à toutes les questions du petit catéchisme sur le bout de mes doigts. De plus, le père Picod qui, pour moi, était presque de la famille ne m'intimida nullement, lorsqu'il nous réunit après la messe du dimanche, une semaine avant le grand jour. Tous les futurs premiers communiants réussirent haut-la-main. Nous étions une bonne douzaine. Et c'est là que le père curé fit part aux mamans des exigences vestimentaires. Robes blanches, gants blancs, bas blancs et petits voiles blancs pour les petites filles, chemises blanches, culottes courtes noires, brassards blancs pour les petits garçons. Maman se rendit compte tout à coup qu'elle avait le brassard de Marcien, que j'avais une petite blouse blanche, mais qu'il me faudrait un petit pantalon court. Le lundi, elle s'enquit auprès de tante Agnès si l'un des fils aurait une culotte noire qui pourrait faire l'affaire. Non, rien à faire; chez la tante Kate, même réponse. Il y en avait bien chez Eaton. Le catalogue en montrait même plusieurs modèles, mais nous n'avions ni l'argent, ni le temps pour passer pareille commande. Elle se résolut donc de me faire une de ces culottes tuyaux de poêle. Mais où trouver le tissu? Elle dut faire bien des recherches sans succès. Le seul tissu noir que lui offrait la grand-mère était de qualité douteuse et provenait d'une vieille veste qu'avait dû porter mon grand-père. Tout ce dont je me souviens, c'est que le noir tirait légèrement sur le vert antique et que le tissu était aussi luisant que le "gumbo" du Manitoba fraîchement tourné par la charrue. Maman n'était pas heureuse de sa création et me recommanda surtout de ne pas aller jouer dehors avec les enfants, avant la cérémonie. Je compris qu'elle craignait que le tout ne se désagrège tant le tissu était mûr et friable. Ce qui ne m'empêcha pas de faire une bonne première communion dans la petite église de Saint-Lupicin, celle-là même qui est devenue une bergerie, à environ un mille et demi du village sur l'ancienne terre de Fleurimont Rocher. Quel regret qu'on n'ait pas eu la bonne idée de la démolir ou de la faire disparaître plutôt que de la laisser dans cet état lamentable! Avec son clocher tronqué, son œil-de-bœuf nous regarde tristement. Le culte du souvenir fait aussi partie de la qualité de la vie. Mais ça, c'est une autre histoire.

NOW CHILDREN

Il était entendu que j'entrerais en première année à l'automne. J'avais fait ma première communion au printemps, j'avais six ans révolus, il fallait donc me préparer sérieusement à cette nouvelle étape de mon existence. La Sœur Céline était tout heureuse de m'accueillir dans sa classe de l'école Faure. Le dimanche précédant l'entrée, j'avais accompagné maman au couvent où la religieuse m'avait rassuré en m'attirant auprès d'elle. Me caressant le visage, elle m'avait dit :

- Tu sais, tu ne seras pas seul, il y a aussi Lorrette Lemeaux, ton cousin Michel Soulodre, un petit Encontre, deux petits Dufault et trois ou quatre autres petits comme toi.

Puis, regardant maman :

- C'est ma plus grosse classe. J'en aurai vingt-huit.

Je n'avais d'ailleurs aucune raison de craindre quoi que ce soit. Pourtant, en entrant dans la classe le lendemain, j'ai cru que tout mon monde s'écroulait autour de moi. Je m'étais rendu à l'école avec Antoinette, Suzanne et Marcien qui étaient entrés dans la classe des grands avec Sœur Philomène, dès que la cloche avait sonné. Je m'étais mis en rang avec les garçons et m'étais rendu à la place qu'on m'avait assignée dans la classe. Sœur Céline a fait la prière, nous nous sommes assis et, là, elle nous a dit en anglais :

- Now, children, you must speak English. I will have to speak English during class.

Je n'y comprenais rien. Pourtant si! Je comprenais ce qu'elle nous disait, car j'avais eu l'occasion d'entendre de l'anglais et je savais très bien ce qui se disait. Mais, jusqu'à présent, personne ne m'avait vraiment parlé anglais. Il me faudrait donc changer de langue pour étudier.

- Open your Readers, please!

Ah! notre livre de lecture. Bien sûr! Heureusement, je l'avais aperçu entre les mains de Marcien.

- Tom Tinker had a dog, and it said bow-wow.

- Deuxième page : Jack Spratt had a cat and it said meow-meow.

Ce n'est que dans l'après-midi que la Sœur Céline se mit à nous parler en français. C'était pour la leçon de catéchisme. Je commençais peut-être à comprendre! C'était donc cela l'école : l'anglais. Le français, c'était pour la maison et l'église. Autant Sœur Céline m'apparaissait austère et même désagréable en parlant anglais, autant je la retrouvais comme la veille au couvent en compagnie de maman, quand elle se mettait à parler en français. Je ne sais trop si je le lui ai dit; chose certaine, je l'ai pensé :

- Que vous êtes belle quand vous parlez français!

Cela avait aussi son explication; ayant été élevée dans une famille du Bas-Canada dans la langue de Molière, Shakespeare ne lui était devenu un personnage familier que lors de son stage à l'École Normale du Manitoba, le Manitoba Normal School of Teachers. Elle devait donc faire des efforts qui lui enlevaient ce beau sourire et un peu de la vivacité de son regard. Son visage était pâle et soyeux, et sa voix chaleureuse. Puis, c'était la grande amie religieuse de maman. Si son "Now children..." m'avait tant bouleversé, c'est que j'avais peut-être perçu, qu'en parlant anglais, elle n'était plus tout à fait elle-même, qu'elle ne le serait peut-être jamais. Pourquoi alors être obligée de se soumettre à ce miroir déformant? Si cela était vrai pour Sœur Céline, ce le serait pour moi aussi et pour tous ceux et celles qui devaient subir pareil sort. Quelque chose s'était donc passé en moi, ce jour de septembre 1931... Quelque chose qui devait demeurer profondément ancré dans mes viscères et qui surgirait, à l'occasion, sans amertume toutefois. À mon retour de l'école, j'ai certainement dû en parler à maman. Elle m'a sans doute dit que sa grande amie était obligée d'agir ainsi, que c'était le système d'enseignement du Manitoba qui exigeait que les maîtresses d'école s'expriment en anglais.

Ce soir-là, à la brunante, mon confident Papino a dû se rendre compte que ça ne tournait pas rond dans ma tête. En regardant au loin, de mon observatoire près du potager, j'ai regardé du côté de chez Olsen. Je comprenais, mieux qu'avant, qu'ils étaient des Anglais, mais des Anglais fabriqués, car Mister Olsen était d'origine suédoise, m'avait dit papa. Quelle affaire! Moi aussi, devenir un anglais fabriqué? Je ne pouvais y croire. Apprendre l'anglais, ce n'est pas ce qui m'effrayait, mais c'était de devenir comme les enfants de tante Anna qui ne disaient plus un mot de français. La tante avait décidé qu'avec l'oncle Élie, "qui ne parlait pas un beau français", avait-elle dit, "elle aimait mieux qu'il parle anglais." De fil en aiguille, habitant à Melville en Saskatchewan, parmi tous les Anglais fabriqués à partir d'Allemands, d'Ukrainiens, de Polonais et même de Japonais et de Chinois, elle avait abandonné sa langue, "et la religion suivra bientôt le même sort", avait ajouté maman dans une conversation qu'elle tenait avec papa. Non, maman n'était pas contente de la décision de la tante Anna, mais je savais qu'elle se souciait davantage de la perte de la religion. Quelques temps plus tard, je devais apprendre qu'il y avait des Anglais catholiques comme nous, qui disaient des prières comme les nôtres, peut-être aussi longues et aussi endormantes que les nôtres.

Les prières du soir chez nous pouvaient varier de longueur. Marcien m'avait dit qu'il savait si c'était la version courte ou allongée, d'après la voix de maman. Moi, je savais que si elle entamait les commandements de Dieu, suivis des commandements de l'Église, c'était la version allongée avec toutes les invocations pour les âmes du purgatoire et une partie de la litanie des saints. Là, je voyais Marcien plus couché qu'age-nouillé. Il y allait même de quelques ronflements ayant sans doute pour but de modérer maman dans ses transports célestes. Nous étions d'accord pour le Notre Père, le Je Vous Salue Marie, le Je crois en Dieu, quelques invocations, peut-être le Symbole des Apôtres, mais c'était plutôt rare que nous n'ayons droit qu'à la version abrégée. Les filles n'en faisaient pas tellement de cas, du moins, elles ne manifestaient pas la même impatience que nous deux. Pourtant nous savions très bien que pour maman ces prières étaient une sorte de refuge, un moment privilégié qui lui permettait d'oublier un instant les soucis et les tracas d'une existence peu enviable et de puiser dans ces invocations et ces incantations l'énergie de ses lende-mains.

LE PÈRE PICOD

Le père Picod, le seul curé qu'ait eu Saint-Lupicin était contesté par certains, mais admiré par tous pour son dévouement, sa grande foi et son esprit d'abnéga-tion totale. D'une austérité proverbiale, il avait des at-titudes monastiques bien définies, le regard légère-ment fuyant, comme si tout pouvait être pour lui une tentation à éviter. Son petit toussotement nerveux dénotait chez lui une grande timidité.

- En fait, comme disait l'oncle Étienne, le père Picod aurait dû demeurer dans un monastère. Il n'était pas fait pour vivre dans le monde. Il était fait pour une vie de prière et de méditation. C'est un saint homme.

Il prenait ses repas chez les religieuses du couvent, où une petite table installée dans une pièce près de l'entrée l'attendait à des heures très précises. Il y mangeait seul, et peu. En le voyant arriver dans l'allée de tilleuls, une des deux sœurs converses lui servait son potage et se retirait. Il entrait, déposait son chapeau ecclésiastique sur le porte-manteau, récitait son bénédicité, s'asseyait et mangeait en silence. Il n'acceptait que très rarement de prendre un repas dans les familles de la paroisse. L'invitation devait être faite en bonne et due forme et c'est lui qui déterminait les places à prendre à table. À tout seigneur tout honneur, le père de famille devait occuper le bout de la table. Lui, s'asseyait à la droite de l'hôte et la maman devait prendre place à l'autre extrémité de la table. Ce protocole devait être scrupuleusement observé. Maman y voyait l'occasion d'instaurer les bonnes manières dans la famille, puisque cela avait fait le sujet d'une longue conversation lors de la première visite du curé à la ferme.

Même si Marcien m'avait laissé entendre qu'il doutait que les religieux et religieuses soient humains et aillent même à la toilette, pour moi, le père était un homme après tout. Je me rappelle que par une belle journée de juillet, pendant les vacances, en allant faire des achats Chez Payette avec maman et Suzanne, nous avions vu le père Picod en train de tailler ses caraganas. Sa soutane légèrement relevée nous permettait d'apercevoir son pantalon. J'avais dit à maman :

- Le père Picod est comme papa.

J'en faisais la constatation pour la première fois. Je me réjouissais secrètement que lui aussi puisse travailler de ses mains, avec un sécateur et tenir sa haie en parfait état.

Au lendemain d'une des visites du père Picod chez nous, nous nous sommes rendu compte que le torchon brûlait entre papa et maman. Le père Picod s'était permis de faire des suggestions quant à la façon de faire les semailles et quant à la répartition des lopins de terre en blé, en orge et en avoine. De quel droit le père Picod se permettait-il de décider qu'il fallait semer le blé ici, l'avoine à tel autre endroit et l'orge sur le petit plateau derrière la lisière d'arbres de l'autre côté du ruisseau! Ma mère était bien d'accord mais suggérait fortement que papa se plie aux exigences du curé.

- Si tu fais autrement, ça peut nous porter malchance et tu sais à quel point nous ne pouvons pas nous permettre de nous tromper.

- Non, non et non! Ça finit là! avait dit papa, c'est pas le père Picod qui va me dire où me semer mon grain.

Il était sorti en furie, avait attelé ses chevaux à la semeuse, avait rempli chacun des compartiments de cette dernière de beau blé de semence auquel il mêlait un soupçon de formaline pour la lutte contre les parasites. Puis, il s'était dirigé vers le champ au-dessus du grand ruisseau. Ce jour-là, Napoléon avait contesté le père Picod. Il sema son blé là où le curé lui disait de semer de l'orge. Il avait l'intention de faire à sa tête. Ce que je n'ai jamais su, c'est si c'était lui ou le père Picod qui avait raison. Il n'en fut plus jamais question et, que je sache, le père Picod ne s'est jamais plus mêlé des affaires de la ferme.

Mon père était un homme à tout faire, cela était bien connu dans toute la paroisse et dans tous les environs. Même les Anglais avaient recours à lui pour faire la boucherie, pour construire des graineries ou des bâtiments de ferme, pour creuser des puits... En fait, il était habile en tout. Il était un saigneur de cochons réputé, la pointe de son couteau atteignant la cible, en l'occurence le cœur de la bête, avec une précision remarquable. Il prenait la peine d'en faire la vérification presque chaque fois. À ce sujet, une anecdote intéressante mérite d'être racontée. Maman avait un don, du moins c'est ce que j'ai toujours cru et crois encore, à moins d'une preuve du contraire. Maman avait le don d'arrêter le sang. Cela était très utile si quelqu'un se blessait, dès que le sang avait coulé un peu, hop! maman intervenait pour l'arrêter. Elle disait, à juste titre, qu'il fallait permettre au sang de couler un peu pour purifier la blessure, pour permettre à la plaie de se débarrasser des impuretés de l'objet qui avait causé la blessure. Mais, au moment propice, c'était assez, elle passait la main sur la blessure et le sang cessait de couler, se coagulait, et le tour était joué. Mais, quand papa voulait faire saigner un cochon, il ne voulait surtout pas que ce soit maman qui lui prête assistance pour recueillir le sang servant à faire du boudin.

- Surtout, Rose, ne t'approche pas. Il me semble que je ne peux jamais aussi bien réussir ma saignée.

À l'époque, ce genre de pratique était courant et il y aurait beaucoup de faits semblables à raconter. Tiens, un jour n'en pouvant plus d'endurer des verrues sur mon petit doigt de la main gauche, j'en parlai à la grand-mère Marie Bourrier, qui me dit :

- Dimanche prochain tu viendras à la messe avec moi. Je te ferai disparaître ça pour toujours.

Cela m'avait beaucoup intrigué. La grand-mère me ferait disparaître ma verrue! Cela tenait de la sorcellerie. Le dimanche suivant, je m'assurai d'être tout près d'elle dans le boghei en route pour Saint-Lupicin. Je lui rappelai sa promesse. Elle me rassura :

- Ne t'inquiète pas, petit, reste avec moi sur le perron de l'église.

La messe était sur le point de commencer et la grand-mère attendait quelqu'un dont j'ignorais tout à fait l'identité. Tout à coup, elle me dit :

- Ah! le voilà!

Elle me serra la main gauche fortement et, me prenant le petit doigt, elle s'adressa à un monsieur au ventre prospère, impeccablement vêtu, portant au gilet chaîne et montre en or.

- Allez, Marc, fais-moi disparaître cette verrue.

Le gros monsieur me prit machinalement la main, l'enveloppa de la sienne, pressa légèrement sur la verrue en disant :

- Voilà, grand-mère Bourrier, il n'en restera plus rien d'ici trois jours.

Elle ne le remercia même pas et m'entraîna dans l'église pendant le chant de l'Introït. J'avais bien reconnu Marc Moreau qui habitait dans une ferme derrière chez Fleurimont Rocher, à un mille de l'oncle Louis dont il était le beau-frère. Malgré la presque parenté, cet imposant personnage ne semblait pas particulièrement plaire à ma grand-mère. Un peu plus tard, je l'ai entendu dire :

- C'est bien parce qu'il a un don que je lui parle encore. Ce Marc est un viveur. Je ne sais même pas comment il peut faire toutes ces guérisons.

Encore là, vous pouvez en prendre et en laisser, mais ce que je viens de vous raconter, n'est qu'un petit exemple du genre de médecine douce qui se pratiquait à l'époque. Trois jours plus tard, la verrue était bel et bien disparue. Peut-être avais-je été fortement impressionné.

Un curieux petit cheval nous était arrivé par une nuit d'automne. Papa était allé à une vente aux enchères, un "encan" comme disaient même les Auvergnats de la région, avec leur fort accent du midi qui donnait à ce mot une résonance toute particulière, "agnecagne", disions-nous, pour les imiter. Ces sortes de marchés aux puces, revenus à la mode ces dernières années, permettaient à beaucoup de gens de se débarrasser d'un tas de choses dont ils ne se servaient plus. Quand mon père avait aperçu le petit cheval qu'on destinait au plus offrant pour la somme dérisoire de deux, trois, puis, quatre dollars, il s'approcha du commissaire-priseur, en tenant sa main ouverte, pour lui demander un temps d'arrêt. Il fut pris au piège. Le priseur lui adjugea la vente à cinq dollars.

Papa avait soudain pensé qu'avec ce petit cheval nous pourrions aller à l'école et ne plus dépendre des voisins pour nous rendre au village, chaque fois qu'il y avait quelques commissions à faire. L'idée était heureuse, mais avec les soixante-quinze cents qu'il faisait sonner dans la poche droite de son pantalon, il ne pouvait pas se permettre d'acheter aussi facilement ce transport écolier. Heureusement, il eut un autre éclair de génie. Il avait fait boucherie la veille et le magnifique porc qui en avait été la victime, pensa-t-il, n'aurait aucune objection à se réincarner sous la forme d'un petit cheval entièrement au service des enfants. En moins de deux minutes, il apprit que c'était un Flamand d'Altamont, Frank Van Der Linden, qui avait mis cette bête en vente. Le marché fut conclu sur le champ et Napoléon respira d'aise lorsque le brave agriculteur fraîchement arrivé au village lui admit que justement il n'avait pu faire provision de viande pour l'hiver et que le porc serait le bienvenu chez lui. Le lendemain de cette aventure, papa nous invita très tôt le matin à nous rendre à l'écurie voir le nouveau venu qu'il avait installé dans une stalle des vaches en attendant de lui trouver un petit coin bien à lui.

Le petit cheval blanc ne nous impressionna guère. Il avait l'allure d'un bourricot comme ceux du grand catéchisme illustré. Tout de suite, nous avons remarqué ses grandes oreilles dont les extrémités avaient été fendues, comme pour nous laisser croire qu'il en avait quatre. Ses flancs crottés et sa longue queue malpropre en faisaient un animal même un peu répugnant. Mais, en y regardant de plus près, Marcien nous fit remarquer qu'il avait des yeux rouges et une crinière magnifique.

- Il suffira de le nettoyer comme il faut, de le soigner avec de l'avoine, de s'en occuper un peu pour qu'il soit capable de nous amener à l'école.

Il s'était aussi rendu compte qu'on serait obligé de lui faire un harnais à sa mesure, car, vu sa petite taille, aucun harnais de l'écurie ne ferait l'affaire. On trouverait bien le moyen de l'atteler au boghei.

Nous retournions donc à la maison prendre notre petit déjeuner avec la certitude que papa avait été inspiré en nous procurant ce nouveau moyen de transport et un nouveau compagnon de jeu. La Providence encore une fois avait été bonne pour nous. Ce petit cheval était vraiment fait pour nous. En fait, il ne s'agissait ni d'un poney, ni d'un Shetland, mais bien d'un cheval albinos qui posait tout de même plusieurs énigmes quant à ses origines. Beaucoup plus tard, j'eus l'occasion de parler de ce compagnon d'enfance sur les ondes de Radio-Canada, au cours de la série d'émissions "Le Marchand de Sable". Avec le concours de l'auteur des textes, Françoise de Repentigny, et de la réalisatrice Marie-Claude Finozzi, nous avons reconstitué plusieurs des aventures de Rigodin, que je vais tenter de résumer ici.

Rigodin avait donc reçu son nom, comme je l'ai dit plus haut, du soldat français Pierre Rincé venu passer quelques mois au Canada chez ses amis installés à Saint-Lupicin. Devant ce petit animal qui représentait la déchéance même, tant il avait été négligé, il avait souhaité voir son adjudant réduit à cet état lamentable, "afin, disait-il, de lui botter le cul". Mon père l'ayant entendu dire "C'est Rigodin tout craché!", avait donné ce nom au nouveau venu dans l'écurie. Rigodin, un nom comme un autre qui fit le tour de la paroisse, tant ce petit cheval attira rapidement les regards et gagna le cœur de tous les enfants de la région. Une fois nettoyé, étrillé et même savonné, il prenait l'allure d'une bête de cirque qui se pliait à toutes nos exigences. Il était d'une docilité incroyable et répondait parfaitement à tous les ordres d'avancer, d'arrêter, de reculer. Marcien crut même qu'il pourrait lui apprendre à compter et à faire un véritable numéro pour amuser les enfants. D'où nous vint l'idée qu'il avait dû autrefois faire partie d'une troupe de saltimbanques. Sa mère était peut-être une jument de cirque et son père un célèbre étalon arabe. Suzanne lui avait décoré la crinière avec des bigoudis rouges qui lui donnaient belle allure. Marcien lui avait tressé la queue, comme celle de l'étalon de Pitou Lesage, de quoi en faire un cheval miniature remarquable. Restait à savoir si Rigodin pourrait tirer le boghei avec trois ou quatre enfants à l'intérieur. Papa lui fabriqua tant bien que mal un harnais avec des bouts de courroies et des traits de cuir soigneusement huilés qu'il riveta ensemble, en ajoutant ici et là des pointes de laiton, des "spots" qui, bien astiqués, faisaient du tout un ornement digne de notre Rigodin. Quand vint le moment de l'atteler au boghei, le petit cheval se glissa docilement dans le brancard en reculant. Celui-ci nous sembla démesurément grand, mais avec quelques petits ajustements des sangles, des reculoirs et des attaches, papa jugea que Marcien pourrait faire l'essai de la nouvelle traction hippomobile. Au premier commandement, Rigodin fit un bond en avant et se mit à sauter comme un lapin, ses deux pattes d'avant frappant le sol en même temps. Un coup sur les guides le figea sur place.

- Wô, wô! Rigodin.

Rigodin dut s'habituer à tirer des charges, à marcher et à trotter. Ce qu'il fit avec beaucoup de peine. C'est là que l'explication de papa nous devint utile pour comprendre que Rigodin n'était pas un cheval ordinaire.

- Ce cheval a eu un coup de sang.

Puis il ajouta avant que notre imagination ne nous entraîne à le voir baigner dans son sang :

- On a dû le faire courir ou travailler très fort, puis on lui a fait boire de l'eau froide, ou encore, on l'aura laissé dehors par un grand froid. Regardez-lui les pattes avant, elles n'ont presque pas d'articulation.

En même temps, il nous montrait la raideur de ces membres qui ne pliaient pour ainsi dire pas. C'était la faiblesse de Rigodin et c'est probablement pourquoi papa avait pu le troquer pour un cochon mort. Rigodin fut, à partir de ce jour, notre compagnon de tous les instants. Il nous amenait au village, au gré de sa fantaisie, en prenant parfois tout son temps. Mais papa nous avait bien avertis de ne jamais le bousculer et, surtout, de ne jamais le frapper avec le fouet. Je dois avouer que la consigne ne fut pas toujours bien respectée. Un jour entre autres, à notre arrivée à la grande colline de l'oncle Louis, ma sœur Suzanne fut prise d'un certain étouffement. Pour comble de malheur, ce jour-là, Rigodin avait décidé de nous faire languir sur la route. Même en descendant la côte, il retenait la charge, ne profitant nullement du bon élan qu'il aurait pu faire prendre à la voiture. Marcien lui asséna quelques bons coups de lanière sur la croupe. Ce fut la surprise. Rigodin dressa les oreilles, comprit que le moment n'était pas à la rigolade. Nous ne l'avions jamais vu voler ainsi vers le village. Suzanne se lamentait qu'elle allait mourir, si nous ne pouvions nous y rendre en moins de quelques minutes. Rigodin fut le héros du jour! En moins de trois ou quatre minutes, Suzanne était chez la tante Berthe qui imagina sur le champ quelques stratégies pour enlever à notre sœur cette crise d'angoisse soudaine qui, au fond, avait bien pu être causée par l'humeur massacrante de notre énergumène de cheval. Mais, nous en sommes tous venus à la conclusion que, si tel avait été le cas, Rigodin avait très bien racheté sa faute.

•

Le mois d'avril au Manitoba est plein d'incertitudes climatiques; les jours se suivent, mais ne se ressemblent guère. Le froid et le chaud sont à craindre l'un comme l'autre. Nous
n'avions qu'à respecter le dicton que nous répétait maman :
- En avril, tu n'enlèveras pas un fil.
Nous partions à l'école sous les chauds rayons du soleil et pouvions revenir dans une tempête de neige. Il était même difficile de savoir si on devait s'y rendre en traîneau, en berline ou en boghei. Parfois, papa nous

recommandait d'y aller à pied, mais en amenant Rigodin sur lequel nous pouvions monter à tour de rôle.

Un jour, Antoinette étant maintenant pensionnaire au couvent de Lourdes et Suzanne étant souffrante, Marcien et moi avions décidé de nous rendre à l'école avec Rigodin, sans voiture. Le soleil du printemps nous caressait le visage et nous pataugions dans la neige fondante où se mêlaient, tous les dix pas, des crottins de chevaux sur lesquels s'abattaient les moineaux et même les corneilles fraîchement sorties de leurs caches hivernales. Le premier mille parcouru, nous avons décidé de prendre le raccourci, le sentier d'hiver, à travers le champ de Jack Dodds et de l'oncle Louis. Rigodin semblait partager notre joie de vivre printanière. Il nous suivait, nous précédait par moment, s'arrêtait, comme pour m'inviter à monter sur son dos. Ce que je faisais allègrement, en prenant bien soin de l'enfourcher sans tomber dans la neige et la boue. Ici et là, nous traversions des étangs gelés sur lesquels nous nous promettions bien de patiner lors du retour de l'école. Nos patins étaient d'ailleurs bien attachés au cou de Rigodin. Toute la journée nous rêvions aux moments merveilleux que nous passerions à patiner et à pratiquer un jeu nouveau qui consistait à pousser un disque de caoutchouc. Nous fabriquions nos crosses avec des branches que nous coupions en passant dans les buissons. Nous devions faire vite, car les journées sont encore courtes en avril et, du moins pour les enthousiastes du patin, les quatre heures n'arrivaient jamais assez tôt. Heureusement, ce jour-là, les enseignantes de l'école Faure comprenant notre impatience de profiter du beau temps et des étangs gelés, nous donnèrent congé. Petits et grands étaient libres de partir dès trois heures. Rigodin sortit de l'étable de l'école en gambadant joyeusement et nous accompagna jusqu'au grand étang sur la terre de l'oncle Louis. Nous étions une bonne vingtaine à patiner et à glisser sur la glace vive. Après deux bonnes heures de jeu, Rigodin, qui était resté sur la terre ferme, fit entendre un hennissement.

- Ah! fit Marcien, Rigodin veut entrer à la ferme!

Mais, quelques moments plus tard, quelle ne fut pas notre surprise de constater que nous voguions sur un îlot de glace. Le soleil avait fait fondre les abords de l'étang. Nous devrions nous lancer à l'eau pour atteindre la rive. Heureusement l'eau était peu profonde et notre petit cheval se mit à l'eau dès le premier sifflement de Marcien. Tous entrèrent à la maison les pieds secs grâce à ce Rigodin de bonheur dont on parla avec beaucoup d'enthousiasme dans au moins cinq foyers de la paroisse.

- Ah! ce Rigodin, pas étonnant qu'il se comporte comme un être humain. À force d'aller à l'école, il finira bien par lire et compter!

- Ce Rigodin, c'est un vrai gamin comme les autres! Il ira loin!

C'est le genre de commentaires que l'on fit. Quand on disait "gamin" chez nous sur la Montagne, ça voulait dire un enfant, tout simplement, ni meilleur, ni plus méchant que les autres.

UN TRAUMATISME

Chaque fois que j'entends parler de traumatisme, un incident très précis me revient à l'esprit. Par une chaude journée d'été entre les foins et les moissons, un petit répit qu'accorde la nature à l'agriculteur, Marcien et moi étions à la recherche d'aventures nouvelles. Après avoir capturé deux ou trois gophers dans le grand pré, nous étions sûrs que plus un autre de ces petits rongeurs ne se laisserait prendre à nos appâts et à nos pièges. Puis, la récolte d'un seul matin nous ayant rapporté six cents, nous pouvions penser à autre chose. Le gouvernement nous donnait, en effet, deux cents la queue pour l'extermination de ces rats des champs qui détruisaient nos récoltes de céréales. Marcien voulut d'ailleurs profiter de la vitalité du dernier gopher pour faire une expérience. Nous voulions savoir si les gophers pouvaient nager. Rien de plus facile : une ficelle attachée à une patte arrière de l'animal, nous pourrions alors le lancer dans le grand ruisseau où l'eau était en abondance, même en plein cœur d'été. Ce qui fut fait, non sans peine, car le petit rongeur se défend bien. Nous y sommes parvenus en lui coinçant la tête sous une branche, sans trop lui faire mal. Et hop! à l'eau! Il disparut et ne semblait pas vouloir remonter à la surface. Avait-il trouvé au fond du ruisseau un chemin de retour dans son terrier? Voilà la ficelle qui dessine un retour vers nous et notre gopher, sans avoir nagé, était revenu sur la terre ferme. Il avait dû gagner la rive sous l'eau, mais Marcien était convaincu qu'il n'avait pas nagé. Inutile de dire que l'expérience ne fut pas concluante et que nous avons dû nous en remettre à la sagesse du paternel qui nous affirmait que tous les animaux nagent tout naturellement.

Quelques minutes plus tard, nous avions regagné le petit ruisseau qui coulait tout juste au bas du potager, à quelques centaines de pieds de la maison. En fait, l'eau n'y coulait plus, seul un trou d'eau d'une dizaine de pieds de diamètre entouré de roseaux et de joncs nous rappelait les crues du printemps. Le ponceau qui traversait la route était à sec. L'occasion était belle d'y pénétrer. Ce que je fis le premier. Son diamètre de quatorze pouces ne laissait que peu d'espace; je me demandais comment Marcien parviendrait à y pénétrer. Bravement, j'entre dans le ponceau et me glisse, tel un ver, jusqu'au centre. Je sens le tunnel s'assombrir quand Marcien, à son tour, en bloque l'entrée. J'eus alors un premier sentiment d'étouffement, mais, quelques secondes plus tard, voilà Papino qui pénètre par l'autre extrémité. La panique m'envahit. C'est presque l'obscurité complète. Je ne peux plus respirer. Quel étrange façon de mourir! Puis, dans un ultime effort pour me libérer de ce tombeau d'acier ondulé, je sens du plus profond de moi-même monter un cri dont les vibrations font éclater ma tête. Je suis mort! L'évanouissement n'a probablement duré que quelques secondes, mais lorsque mes sens me sont revenus, Papino avait disparu et Marcien me tirait par les jambes jusqu'à l'embouchure par laquelle j'avais pénétré. Cette scène, pour banale qu'elle puisse paraître, m'avait profondément marqué et avait fait de moi un claustrophobe pour la vie. Ce n'est que tard dans mon existence, que j'ai pu vaincre, en partie, ce sentiment de réclusion contraignante, d'étouffement et d'enchaînement. Lorsque mon ami Harvey Paradis me lança, sans plus, à l'âge de quarante-cinq ans, dans une piscine de douze pieds de profondeur, pour m'enseigner les rudiments de la plongée sous-marine, ce fut, pour moi, la descente aux enfers. La semaine suivante, lorsqu'il me fit basculer à la renverse, avec bouteille, détendeur et masque dans ce même gouffre, l'instant de panique était déjà plus supportable. Grâce à ces efforts soutenus, je puis maintenant me lancer à l'eau sans trop de crainte. La scène du ponceau reste malgré tout inoubliable et, pour peu que j'évoque ce souvenir, la stridence du cri pourrait encore me résonner dans la tête.

LES CRUES PRINTANIÈRES

Depuis le passage de La Vérendrye sur le sol manitobain en 1738, que de changements sont survenus sur ce territoire! Pendant un siècle environ, les voyageurs y régnèrent en maîtres en y assurant le transport et les communications. Ces coureurs de bois avaient dû changer de nom pour accomplir les mêmes besognes dans la vaste Prairie de l'Ouest. À leur métier de guides, de trappeurs et de marchands de fourrures, ils ajoutaient les fonctions de raconteurs, d'amuseurs dans les soirées, de "potineurs" et souvent de chanteurs de pomme... Ils portaient en bandoulière leur "sac à feu" où ils entassaient du tabac, des allumettes, leurs économies, des bonbons pour faire plaisir aux enfants et amadouer les parents, de même que le courrier qu'ils transportaient d'un village à un autre ou d'une région à l'autre. Leur langue commune était le français. Même les McDonald, Sullivan, McPherson et autres le parlaient couramment et l'imposaient à leurs épouses, pour la plupart indiennes, qui élevaient leurs enfants dans cette langue. Leurs familles étaient installées, soit à Saint-Vital, au Manitoba, ou à Pembina, dans le Dakota du nord. Il était peu souvent question d'eux chez nous, car leur vie de nomades était depuis longtemps terminée. À l'époque des années trente on aurait parlé davantage des "homesteaders", c'est-à-dire de ces pionniers qui s'établissaient en permanence sur les lots qu'offrait presque gratuitement le gouvernement. Toutefois, chaque fois que Marcien parlait de trappage, la fière allure des voyageurs me venait à l'esprit et je gambadais avec eux, portant précieusement en bandoulière ce que certains appelaient un "sac à malices" contenant contes, légendes et récits fantastiques. Leur visite faisait la joie de tous.

Elle venait rompre la monotonie d'un vaste pays où régnaient l'isolement et la solitude. J'aurais aimé me promener à travers la grande Prairie pour finalement apercevoir notre montagne Pembina à l'horizon.

Chez nous, toute notion marine ou maritime n'était qu'exotisme, ou abstraction totale. Il y avait bien nos deux ruisseaux qui prenaient allure de cours d'eau le printemps, mais leur crue printanière passée, ils reprenaient leur petit lit et s'asséchaient même par endroits sous le chaud soleil d'été. Je garde tout de même le souvenir d'une inondation qui nous obligea, Marcien et moi, à prendre refuge chez la grand-mère.

Des pluies diluviennes s'étaient abattues sur notre région immédiatement après la fonte des neiges; ce qui avait eu pour effet de gonfler tous les ruisseaux. Devant la difficulté de nous rendre à l'école soit en traîneau ou en boghei, papa avait décidé que seuls les deux gars risqueraient l'aventure.

- Avec de bonnes bottes et des manteaux de pluie, pas de problème. Inutile de prendre Rigodin, les chemins sont trop massacrés.

Pendant toute notre marche, sur route et à travers champs, de gros nuages nous menaçaient en roulant furieusement au-dessus de nos têtes. À l'école beaucoup d'absences bien justifiées. C'était pour nous l'occasion d'être un peu plus choyés par la maîtresse qui prenait plus de temps que d'habitude à nous expliquer des choses de la nature entre autres. Ce jour-là, comme par hasard, elle nous avait parlé de la pluie, de la formation des nuages, de la grêle, ce fléau que craignent tant les agriculteurs à l'époque des moissons. Puis la journée de classe s'étant terminée un peu plus tôt que d'habitude, Marcien et moi avions repris le chemin de la maison en passant par la petite maison de grand-mère. À notre arrivée chez elle, la pluie avait repris de plus belle et nous fouettait le visage au point de nous empêcher de voir où nous allions. Nous étions sur notre départ lorsqu'elle nous dit sur un ton qui nous fit bien comprendre que nous risquions notre vie par un temps pareil :

- Ça n'a pas de sens, les enfants! Je vous garde avec moi. Votre père viendra vous chercher. Je m'en voudrais de vous laisser partir; vous risquez de vous perdre.

Marcien fit mine de vouloir partir malgré cet avertissement.

- Ne pense pas qu'à toi. Henri est bien trop petit pour affronter du temps pareil! Allez, restez. Je vais vous préparer votre souper. Non, ça n'a pas de sens de partir!

Quelques minutes plus tard, la nuit tombait tant le ciel était chargé d'orage. Les éclairs sillonnaient le firmament de toutes parts. C'était beau à voir, de l'intérieur de la coquette maison de grand-mère, où nous avons passé la nuit.

Tôt le lendemain matin, un samedi, nous prenions congé de la grand-mère et nous nous dirigions à travers champs vers la maison que nous pouvions apercevoir depuis l'extrême pointe de notre terre. Nous avions peine à reconnaître les lieux. L'eau avait envahi le grand pré et les deux ruisseaux s'étaient réunis pour former un véritable lac. Le grand cousin Tiennot était sur la route devant ce qui était hier le pont du grand ruisseau. Ce dernier avait été emporté et la route menait à l'eau. Inutile de penser à passer à gué. Il y avait à cet endroit une bonne quinzaine de pieds d'eau. En nous apercevant, Tiennot cria de toutes ses forces :

- Les gamins sont là!

Au loin, la silhouette de papa qui nous envoyait la

main et brandissait sa casquette comme au chemin de fer pour faire avancer ou arrêter le train. C'est là que Tiennot nous apprit les premières bribes de cette nuit d'enfer qu'avaient passée nos parents. Il avait pu communiquer avec papa de vive voix quelques minutes plus tôt. Toute la famille s'inquiétait de notre sort. Papa avait essayé toute la nuit de traverser pour avoir de nos nouvelles. Tous les ponts à la ronde avaient été emportés par la crue soudaine. Il avait compté sur le pont du vieux Ferrand, mais celui-là pas plus que les autres n'avait résisté à la puissance des torrents. Il était revenu bredouille à la maison et s'apprêtait à atteler deux autres chevaux lorsque maman lui assura que nous devions être chez la grand-mère bien au chaud. Ce n'est qu'après beaucoup d'hésitation que Napoléon s'était résigné à se coucher jusqu'au lever du jour. Il s'apprêtait à reprendre la route lorsque Tiennot était apparu descendant la grande côte, à un demi-mille de la maison. Il avait pu converser avec lui en plaçant ses mains en porte-voix. Mais, aucune nouvelle des gamins, avant notre arrivée à travers champs. Quel soulagement ce fut pour tous de nous savoir sains et saufs! Ce n'est que le lendemain que Tiennot, muni de ses cuissardes nous transporta de l'autre côté du grand ruisseau qui était revenu à ses proportions printanières habituelles. Quelques mois plus tard, j'avais le grand avantage de pouvoir assister à l'érection d'un nouveau pont sur le grand ruisseau, un pont solide en pierre et en béton. C'est Fleurimont Rocher, notre maçon professionnel, qui en était le maître d'œuvre.

- Celui-là, avait-il dit, il résistera à toutes les intempéries.

Il avait raison; après plus de cinquante ans, il y est toujours.

DES FORCES OBSCURES

Les nuits d'octobre dans la Montagne Pembina deviennent de plus en plus fraîches jusqu'à atteindre rapidement le point de congélation. Les gelées blanches du matin sont les signes avant-coureurs des premières neiges. Les préparatifs en vue des rigoureux mois d'hiver commencent donc très tôt. Le rechaussement de la maison de rondins, le bousillage des joints entre les billes de bois, la mise en terre de certains arbustes et la réparation générale des bâtiments doivent se faire à cette période communément appelée l'été des Indiens ou de la Saint-Martin, selon que vous êtes Canadien ou Français. Ces deux semaines de beau soleil pourraient faire croire à un retour de la belle saison. "C'est la nature qui nous donne son signal. L'hiver s'en vient", nous disait papa qui avait l'œil juste quand il s'agissait de travaux saisonniers. Il s'en remettait souvent aux vieux dictons populaires où la lune joue un rôle de premier plan. Je me demandais toujours ce que la lune pouvait bien avoir à faire avec le climat. Cet astre qui ne m'apparaissait utile que pour nous éclairer la nuit, aurait donc aussi une puissance terrible sur l'eau. Quand dans le berlot, l'hiver, j'entendais parfois de savants personnages de la région, que nous avions fait monter avec nous, nous parler des marées qui peuvent atteindre vingt-quatre pieds et plus dans le bas du Saint-Laurent, à la lune du printemps ou de l'automne, je nous voyais alors engloutis dans une hauteur d'étable d'eau glacée.

Un soir d'octobre donc, papa profitant de l'heure du souper, nous dit :

- Ben, les enfants, nous allons être obligés de nous trouver une autre terre. Je viens de recevoir un avis comme quoi la terre pourrait ne plus nous appartenir à partir du premier novembre prochain. J'ai pas pu faire les paiements comme convenu, alors Mister Fraser reprend son quart de section. Mais nous pourrons peut-être le louer pour un an ou deux, le temps de nous trouver une autre ferme dans la région, à Lourdes peut-être.

À ces mots une larme perla sur sa joue et nous avons bien compris que l'heure était grave. Maman eut tôt fait de nous rappeler que la Providence veillait et que nous n'avions pas à nous en faire outre mesure. Mais nous sentions papa blessé dans son orgueil de propriétaire terrien. Il avait acheté cette terre avec peu d'argent comptant, mais avec la promesse de payer cinq cents dollars par année, pendant cinq ans consécutifs, et cela précisément le 30 octobre de chaque année. Malheureusement l'année précédente, il n'avait donné que trois cents dollars et n'avait pu remettre les deux autres cents dollars avant la date ultime du premier mai suivant. Il devait donc se rendre avec maman ce soir-là à Altamont pour rencontrer Mister Fraser et voir ce qui adviendrait du contrat en question. Antoinette, qui avait pris quelques jours de congé du couvent de Lourdes, pourrait donc veiller sur nous pendant l'absence des parents.

Suzanne, Marcien et moi prîmes le parti de nous coucher tôt, puisque personne ne devait venir veiller et, après une bonne journée au grand air, le sommeil nous vint rapidement. Antoinette s'était installée sous la lampe de la cuisine pour poursuivre la lecture de son livre d'histoire, sujet qui l'a toujours passionnée. Vers les dix heures, la voilà qui vient nous réveiller pour nous dire qu'elle entendait des bruits insolites. En fait, je fus le dernier à être mis au courant des événements étranges qui se produisaient dans la maison ou autour de la maison. Antoinette nous suppliait d'écouter attentivement, de retenir notre souffle. Elle prétendait que des fantômes dansaient autour de la maison, des âmes en peine se lamentaient et réclamaient notre assistance. En moins de deux, nous étions à genoux pour implorer le ciel en leur faveur et pour demander leur libération des chaînes qui les retenaient.

- Écoutez bien, vous allez entendre des chaînes qui glissent autour de la maison.

Nous retenions notre souffle, et c'était effectivement des chaînes que nous entendions, surtout du côté nord tout près de la grainerie, tout à côté. À n'en pas douter des démons étaient là, à deux pas de nous. Démons ou âmes en peine, qu'importe! Comment ne pas croire qu'ils puissent nous attaquer carrément et nous mettre en pièces. Encore un Notre Père, un Ave, et peut-être disparaîtront-ils. Tiens, de l'eau bénite et des rameaux, rien de tel pour mettre tout de notre côté.

- Allez prenez chacun un balai, un couteau, un tisonnier. Nous allons faire le tour de la maison!

Le général avait parlé. Antoinette empoignant le balai était au garde-à-vous, prête à diriger les troupes autour du bastion qu'était devenue notre petite maison de rondins!

- Écoutez! Vous les entendez murmurer. Tiens, les voilà qui chantent.

Et c'était bien vrai, ce bruissement devenait chanson, murmure, gémissement, incantation. Il n'y avait pas à en douter, des âmes perdues s'étaient égarées chez nous, nous avaient choisis pour cible et nous n'avions qu'à subir leur présence. Et en avant la troupe : Marcien devant, suivi de Suzanne et moi. Le général était en arrière comme dans les vraies batailles. Chacun frappait à sa façon sur la maison, en évitant d'enfoncer trop profondément dans le remblai du rechaussement encore frais. Quelques instants plus tard, nous étions de retour dans la cuisine, tout essoufflés, mais fiers de cette escarmouche nocturne qui n'avait fait ni mort, ni blessé. Oui, nous étions tous là. Un, deux, trois, quatre. Attention! Il faut écouter pour savoir si nous avons eu raison de nos obscurs ennemis! Vous voyez! Ça a marché! Chut! Non! Ça recommence! Antoinette avait raison, nous n'avions pas réussi. Il faudrait passer de nouveau à l'attaque. À la guerre comme à la guerre! Nous repartons! Le général en avait décidé ainsi. Après la troisième tentative, le moral des troupes étant passablement affaibli, la période consacrée à l'écoute fut beaucoup plus longue. Effectivement, il n'y avait plus de murmure, plus de chant. C'était tout au plus un bruissement sans importance. Nous avions donc délivré les âmes en peine et nous pourrions bientôt retourner nous coucher tous ensemble dans le grand lit des parents. Nous pourrions ainsi riposter comme un seul homme à une attaque soudaine. Nos armes étant à portée de la main, nous aurions tôt fait de livrer une autre bataille rangée aux forces du mal.

En rentrant ce soir-là, nos parents n'eurent même pas le loisir de nous raconter ce qui avait été décidé quant à la ferme. Antoinette fit un récit détaillé des nombreuses batailles livrées aux lutins et démons qui voulaient nous faire un sort. Papa fit, à son tour, une petite randonnée autour de la maison. Son enquête fut rapide, mais déterminante.

- Vous aviez raison, vous avez très bien pu entendre des bruits, des murmures et même des gémissements, mais n'ayez crainte, ce n'était pas des âmes en peine. À ce temps-ci de l'année, il se produit du givre sur les tiges de fer qui soutiennent les gouttières tout autour de la maison, surtout dans la partie nord, ici. Le vent s'amuse à faire chanter le givre et ça produit toutes sortes de sons bizarres.

Papa avait toujours raison. Le général et ses

troupes prirent le chemin du lit sans savoir ce que leur réservait l'avenir à Saint-Lupicin.

LE TRANSPORT ÉCOLIER

Les souvenirs se rattachant à l'école Faure de Saint-Lupicin sont nombreux et variés. Ce lieu de savoir ne comptait que deux classes et, au plus fort du développement démographique lupicinois, environ quarante élèves. Les trois premières années logeaient dans la vieille école transportée au nouvel emplacement, et la nouvelle accueillait les élèves des années quatre à huit. Après la huitième, commençait, pour la plupart, l'école de la vie. Sœur Céline avait charge des tout-petits et sœur Philomène menait rondement sa classe de grands à laquelle je n'eus jamais accès, vu que nous avons déménagé pour aller nous installer à Lourdes.

Notre voyage quotidien de la ferme à l'école nous réservait toujours quelque surprise. Rigodin heureusement ne se laissait aucunement intimider par les nombreuses bêtes qui croisaient sa route. Gophers, suisses, blaireaux ou marmottes ne changeaient jamais d'un iota sa course. C'est à croire qu'il ne les voyait même pas, tant ses œillères étaient efficaces. Marcien déplorait toujours que nous devions sans cesse céder la route aux attelages plus fringants, Rigodin ne pouvant jamais rivaliser avec les vrais chevaux des environs. Mais nous ne lui tenions aucunement rigueur de sa faible performance. C'est au petit trot, et en sautillant par moments, qu'il nous amenait à destination chaque fois.

Les beaux jours d'automne au Manitoba sont de courte durée. Dès la mi-octobre, le sol est couvert de givre et les longues bandes de terre fraîchement labourée font miroiter les rayons du soleil matinal. Au loin, deux coyotes glissent en silence vers l'extrémité nord de notre quart de section. Marcien rêve de les suivre dans leur course sauvage qui les mènera quelque part entre les lacs Winnipegosis et Manitoba, dans la région des grands trappages. Mon grand frère se voit dans sa cabane qu'il aura construite à même la forêt, en bois équarri. Rien pour le déranger, pas de devoir à faire. Et surtout, pas de vache à traire. Voilà une besogne qu'il laisserait aux autres bien volontiers! J'entends encore ses propos à demi énoncés, tant le rêve était intérieur et profond.

- Mes chiens coucheraient dehors comme des vrais chiens esquimaux. Je les entendrais aboyer pour répondre aux loups dans la forêt.

- Je n'aurai ni montre, ni horloge. Je me lèverai au petit jour pour faire la tournée de mes pièges. Personne ne me dira quoi faire; je serai un homme libre!

La vie a voulu qu'il achète sa liberté de toute autre façon, en travaillant comme cheminot et en élevant une belle famille de huit enfants. Il eut cependant le plaisir de trapper quelques belettes et rats musqués dans les environs de Saint-Adélard, de posséder un chien obéissant qui le suivait partout, jusqu'au moment de faire ses premières démarches vers la grande ville et les grands changements dans sa vie.

C'est en novembre que l'hiver et les chutes de neige abondantes transformaient le mode de transport écolier. Les parents unissaient leurs efforts pour éviter qu'un grand nombre de carrioles et de traîneaux ne fassent le même trajet. C'était donc le "co-voiturage" avant le mot. Les travaux des champs terminés, les chevaux de trait prenaient la route à tour de rôle. Rigodin pouvait donc prendre un repos de quelques mois bien au chaud dans l'écurie. Pour les écoliers, la rencontre matinale se produisait donc dans les grands traîneaux de ferme tirés par de puissants chevaux. Garçons et filles s'y entassaient sur des bancs disposés sur la longueur et il était important que tous aient le souci de bien répartir la charge. Le conducteur y veillait d'ailleurs, pour assurer la sécurité des petits et des grands. Ce genre d'équipée donna lieu à au moins un incident cocasse dont les principaux acteurs furent le cousin Adrien Bourrier et ma grande sœur Antoinette.

C'était au tour de l'attelage de l'oncle Jules de nous déposer à l'école. Papa était venu nous conduire à la ligne du chemin d'Altamont et le quatuor de Bergeron que nous formions était monté à bord de la grande "sleigh" traînée par deux chevaux de l'oncle Jules Bourrier. La route à travers champs nous amenait chez les Dodds, où trois ou quatre enfants nous attendaient pour se joindre à nous, puis nous filions sur Saint-Lupicin avec à bord une bonne quinzaine d'élèves de l'école Faure, presque un tiers de la gent étudiante de la paroisse. Je ne sais trop ce qui se produisit, mais tout à coup, le plus grand, le plus revendicateur et sans doute le plus "macho", dirait-on maintenant, fut projeté tel un homme à la mer, aux grands cris de tous les passagers. Personne n'en croyait ses yeux! Adrien venait d'être propulsé hors de la grande boîte sur patins qui filait à la vitesse maximale de ses deux chevaux. C'était Antoinette qui avait réussi ce bon coup. Adrien s'était enfoncé dans l'épaisse couche de neige. Il ne s'était sûrement pas fait mal physiquement. Il souffrait cependant d'un autre mal : celui de s'être fait basculer par une fille. Ça, il ne pouvait l'accepter! La grande sœur se demandait si elle devait rire ou pleurer. Sa victoire ponctuée par les bravos de la plupart ne serait pas sans provoquer des représailles dont les filles feraient les frais. Heureusement, bon joueur, Adrien prit cela comme un bon tour que ses nombreuses vantardises lui avaient mérité. L'histoire n'eut que des lendemains heureux et souligne une fois de plus la grande amitié qui régnait entre les cousins et cousines. Adrien, cette fois, fut vaincu, mais que de victoires il remporta par la suite!

Même nos paisibles paroisses de campagne des années trente n'échappaient pas à la formation de clans, sinon de malfaiteurs, du moins d'esprits malfaisants. Notre pauvre Rigodin attirait bien la sympathie de tout Saint-Lupicin mais, parfois, certains prenaient ombrage de sa popularité et profitaient de son extrême vulnérabilité pour satisfaire ceux qui cherchaient la rigolade. Un jour donc, montés à bord du boghei pour rentrer à la maison comme d'habitude, nous faisons face, à la sortie du village, à un barrage de deux rangées d'écoliers qui nous empêchent de poursuivre notre route. Le pauvre Rigodin n'ose nullement foncer sur ces petits enfants se tenant par la main, comme il les voyait si souvent faire leurs rondes enfantines aux plus beaux moments des jeux. Marcien avait beau insister pour que les rangs cèdent devant la poussée de Rigodin, rien n'y faisait. Nous n'avions qu'une chose à faire : attendre la bonne fantaisie des meneurs, deux camarades de classe de Marcien, qui, n'ayant pas le culot de se placer eux-mêmes au centre, au milieu de la route, du fossé où ils étaient, encourageaient les tout-petits à tenir bon. Ce manège se répéta à deux ou trois reprises, jusqu'au jour où nous nous en sommes ouverts à nos parents. Nous savions que papa, violent comme il pouvait l'être à l'occasion, ne prendrait pas la chose à la rigolade et qu'il nous encouragerait à faire respecter nos droits de passage sur la route du roi, droit sacré entre tous! Il fut, en effet, décidé que le lendemain Rigodin céderait sa place à la Queen dans les brancards et que Marcien prendrait le "serpent noir", un long fouet destiné au dressage des chevaux. Il ne l'utiliserait, bien entendu, que pour faire peur, car le "blacksnake" avait une puissance de persuasion considérable entre des mains habiles. Son claquement était aussi retentissant que les meilleurs pétards de la fête de Dollard. Marcien en avait l'habitude et c'est du haut de ses treize ans, avec tous les bons conseils de papa qu'il devait, au besoin, empoigner solidement le grand fouet. Un claquement suffirait. Il fallait surtout jusque là le tenir soigneusement caché au fond de la caisse, sous la banquette. Ce soir-là, la seule présence de la Queen, notre belle percheronne, avait fait tomber les hardiesses des jours précédents et les petits Bergeron purent entrer bien calmement chez eux après la classe, en s'arrêtant toutefois, comme chaque jour d'école, devant l'entrée de la petite maison de la grand-mère Bourrier. Elle venait immanquablement au chemin nous apporter quelques douceurs, friandises ou pâtisseries bien fraîches. Fixant son regard sur nous par dessus ses lunettes, un petit sourire aux lèvres, elle nous disait:

- Des bonjours à papa et maman et priez bien pour moi!

CINQ SOUS DE CASSONADE

Il y a des souvenirs qui restent logés dans notre subconscient et continuent à nous hanter. On ose à peine les évoquer parce qu'ils comportent un je-ne-sais-quoi de naïf et

d'égocentrique. C'est sans doute ce qui nous les rend aussi vivaces.

Je m'étais particulièrement efforcé à faire une petite composition où je devais sans doute raconter les prouesses de quelque animal de mon entourage. Sœur Céline avait fouillé au fond de la longue poche de son rien moins que vaporeux costume pour en sortir une pièce de cinq cents toute neuve et la fit miroiter devant la vingtaine de paires d'yeux ébahis de la classe. Puis, elle me la tendit avec le plus beau sourire de son répertoire. Derrière ses étincelantes lunettes, j'avais pu saisir toute la complicité de cette adorable maîtresse qui avait ajouté, comme pour mettre en valeur ce joyau de la couronne :

- It's all yours.

Cinq sous! C'était la fortune! Je pourrais donc me rendre au magasin chez Payette et les dépenser à ma guise, peut-être en ne pensant qu'à moi. Non, cela était impensable, surtout en cette période de l'Avent où l'on nous demandait de nous sacrifier pour mieux profiter de la fête de Noël. Je me rendis donc au magasin. C'est madame Adèle qui m'accueillit. Je la vois encore descendre lentement l'escalier tout au fond du magasin, derrière les sacs de sucre et de farine empilés presque jusqu'au plafond. Les traits tirés de son long visage lui donnaient un regard triste qui se transforma en un large sourire en me voyant. Je tenais à la main ma pièce de cinq cents qui étincelait comme si elle venait tout juste d'être frappée.

- Alors, mon petit Bergeron, quel est ton nom?
- Henri, lui répondis-je.
- Mais je te connais! C'est toi qui accompagnais toujours ta maman quand vous demeuriez au village. Alors qu'est-ce que tu veux acheter avec cette belle pièce?
- Du sucre brun pour manger avec notre gruau.

Et je m'empressai d'ajouter :
- Tout le monde aime ça, chez nous.

Madame Adèle dut cacher un certain sourire en coin et sans hésiter plongea la petite pelle à main dans l'immense bocal de cassonade pour en sortir une pleine mesure de cette belle poudre dorée que je voyais déjà ruisseler sur les assiettées de bon gruau chaud.

- Tiens, il y en aura pour tout le monde chez vous, grâce à toi!

J'ai compris à ces mots que c'était grâce à elle aussi! La mesure était généreuse, comme cette bonne dame qui devait disparaître très peu de temps après.

Le lendemain matin toute la maisonnée se réjouissait de pouvoir déguster du gruau à la cassonade, gâterie qui me valut bien des compliments et des petits chatouillements de satisfaction. Est-il besoin de préciser que le sucre, chez nous, était une denrée de luxe?

QUEL HIVER!

L'hiver de 1933-34 fut particulièrement rigoureux et long. Très tôt en octobre, une abondante chute de neige nous avait forcés à remiser les voitures d'été et sortir traîneaux et berlots. Notre "berline", comme l'appelait mon père, avait heureusement reçu une bonne couche de peinture en septembre et glissait, toute pimpante, sur les nouvelles routes enneigées. C'était pour nous un lieu privilégié de rencontres fortuites et de conversations passionnantes, surtout à écouter. Je ne sais trop si c'était à cause de l'exiguïté de notre cellule, ou de la moiteur des peaux de bison et de vache qui nous servaient de couvertures, les voix y étaient sonores et percutantes. Quand un nouveau passager montait à bord, ses premiers propos étaient toujours gais et réjouissants, heureux qu'il était d'avoir trouvé une occasion de faire un bout de chemin bien au chaud. Sa bouche serrée par le froid, ses moustaches ruisselantes et son haleine fumante nous faisaient apprécier notre confort berlinien! Puis, le ton changeait dès qu'on abordait les questions sérieuses, les grandes nouvelles de l'actualité : la dépression, la guerre toujours possible, ce serait la pire de toutes, une deuxième qui nous toucherait peut-être de plus près cette fois. Hitler était déjà dans le décor. Son ascension au pouvoir se faisait de plus en plus troublante.

- Et Hopmann, pensez-vous qu'il va pouvoir s'en tirer? C'est pas Dieu possible qu'on le pendra pas pour un crime aussi odieux! Tuer un enfant. Celui du héros Lindbergh par-dessus le marché.

- Mais, de rétorquer le passager du dernier mille, il a un bon avocat et je suis convaincu qu'il n'est pas coupable. On n'a rien prouvé. Ce n'est qu'une preuve circonstancielle qu'on a mis de l'avant. Moi, si j'avais à juger...

- WO O O. Eh ben, les enfants nous voilà rendus.

La porte-arrière s'ouvre et nous sautons dans la neige, comme de petits animaux sortent de l'écurie, tout heureux de retrouver notre liberté et, peut-être surtout, de quitter l'atmosphère si lourde du vaste monde des État-Unis, de la Russie, de l'Empire britannique, avec ses guerres, sa pauvreté, ses maladies et toutes les calamités qui ne cessent de l'habiter. Qu'il faisait bon retrouver notre air de Saint-Lupicin, au son des cloches de l'église, de l'école ou encore de la clochette du magasin d'Henri Payette, autre sanctuaire du monde en effervescence! Assis sur des sacs d'avoine ou tous genres de bancs improvisés, la conversation fluctue au rythme des va-et-vient des interlocuteurs. Les récits de guerre abondent dans ce patelin peuplé d'immigrants venus de partout.

- Ben, moi, j'étais à Verdun et je dois vous dire que

c'était l'enfer. Je n'sais vraiment pas comment je m'en suis tiré. La Providence était de mon côté. Ah, les sales Boches, ce qu'ils nous en ont fait endurer!

Tout à coup la petite cloche tinte à nouveau. Tous se taisent. C'est un déserteur qui vient d'entrer. La guerre, ça ne peut l'intéresser. Vaut mieux parler d'autre chose. Etre déserteur de l'armée française n'était d'ailleurs pas un titre si honteux au Canada. Ceux qui étaient reconnus coupables de cette faute sociale n'avaient pas le droit de rentrer en France avant l'âge de soixante-cinq ans. Cela me peinait d'une certaine façon, car je savais tout l'attachement que tous ces gens portaient à leur terre natale dont ils parlaient toujours avec beaucoup de ferveur. La France, l'Auvergne, La Lozère, Saint-Chély-d'Apcher, Albaret-Sainte-Marie, le lieu de naissance de ma grand-mère, Lagarde, Scoufour, le nom patois du patelin de mon grand-père. Tous ces noms revenaient également dans le courrier de maman qui correspondait régulièrement avec ses demi-sœurs et demi-frères d'outre-Atlantique.

Elle aimait surtout recevoir des nouvelles d'Alphonse, son neveu, notre grand cousin Alphonse avec son sourire à la Chevalier et sa dent en or. Alphonse était né au Canada, mais, dans les années vingt, avait décidé de rentrer en France avec son cousin et ami Jo Portal, le fils de la tante Maria, qui, ayant fait plusieurs années de guerre, était venu passer quelques années au Canada. Jo avait été enterré vivant deux fois. Le nom de ce miraculé de la guerre de quatorze évoquait dans mon imagination d'enfant un autre phénomène de résurrection qui me rendait celle du Christ beaucoup plus compréhensible. Où est le mystère? Si le cousin Jo s'en est tiré deux fois... Les lettres d'Alphonse étaient donc attendues non seulement par ma mère, mais par toute la maisonnée. Lorsque des photos s'ajoutaient à l'envoi, c'était le comble de la joie.

- Tiens, une photo de ma sœur Victorine. Je me demande si je la verrai en personne, un jour?

Maman devait, en effet, voir pour la première fois sa demi-sœur et faire la connaissance d'une foule de proches lors d'un voyage qu'elle fit avec mon père à l'âge de soixante-cinq ans.

- Ah! une photo de mon neveu Alphonse. Ce qu'il est magnifique! Tiens, regardez sa dent en or!

En lisant sa lettre, elle apprenait qu'il était concierge au Pallas-Athénée, un des grands hôtels de Paris. Quant à Jo, c'est au Georges V qu'il travailla toute sa vie. Les lettres de la tante Maria nous renseignaient toujours sur l'état général du clan Bourrier; l'un ou l'autre sujet était à l'hôpital, un bébé était né, bref nous pouvions suivre l'évolution de la famille comme si la France était le pays voisin.

L'hiver avait donc été rigoureux et long. Tous s'en ressentaient. Même le père Picod avait dû rappeler à ses paroissiens qu'il ne pouvait vivre de l'air du temps et que la quête du dimanche se faisait de plus en plus maigre.

- Heureusement, avait-il ajouté, la paroisse a une petite réserve de quelques centaines de dollars. Je la dois à un groupe de fervents jurassiens qui désirent répandre la dévotion à Saint-Lupicin. Ces personnes sont tout heureuses de savoir qu'une paroisse canadienne a pris le nom de ce saint encore peu connu.

Puis, le sermon terminé, le craquement des souliers de l'oncle Arthur, mon parrain, nous annonçait que c'était le moment de la collecte ou de ce que nous appelions la "quête du dimanche". Des sous noirs dans un plateau d'argent. Les collectes silencieuses n'existaient pas à cette époque.

Mais si le bon curé parlait d'argent, ce n'était pas tellement pour donner mauvaise conscience à ses paroissiens. Il savait que les temps étaient durs et que plusieurs d'entre eux avaient recours au "relief" ou secours direct, comme on nous avait enseigné à dire en français. Dans quelque langue que ce soit, cela signifiait l'humiliation de ne plus pouvoir gagner sa croûte. Napoléon se faisait fort d'avoir pu éviter cela jusqu'à maintenant. Maman lui disait qu'après tout nous ne serions pas les seuls à subir pareille humiliation et qu'il devrait peut-être mettre de côté son respect humain et aller demander quelques dollars "pour subsister jusqu'à la saison nouvelle". C'est sans doute que mon père connaissait trop bien la fable de La Fontaine et qu'il ne voulait pas se voir reproché d'avoir "chanté tout l'été", comme la cigale.

Au mois d'avril, dans la grisaille d'une journée de cet hiver tardif, il se décida d'aller à Somerset voir le député Hallman. La démarche s'avéra plus facile qu'il ne le croyait. En plus des quinze dollars d'allocation, il rapporta deux couvertures de laine et un sac de semence. Il s'agissait d'un nouveau blé que les cultivateurs de la région étaient invités à mettre à l'épreuve dans un secteur bien délimité de leur champ. Ce froment miracle devait donner un rendement bien supérieur à celui des grains conventionnels. Mais, Napoléon n'était pas d'accord avec la gratuité de l'argent. Les couvertures, passe encore! Les graines de semence, aussi. Mais, de l'argent pas gagné... il n'y avait que les paresseux qui pouvaient accepter cela! C'est donc en grommelant entre ses dents, la mâchoire serrée, qu'il annonça à maman que le député avait accédé à sa demande. Quant à nous, nous nous enroulions dans les chaudes couvertures dont nous admirions les couleurs vives et les dessins de têtes de mouflons aux longues cornes recourbées.

- Un jour, je leur remettrai ces quinze piastres. J'sais pas à qui, mais j'leur remettrai. Certain, j'peux pas endurer ça, de l'argent pas gagné. Maudite affaire!

Il l'avait dit et nous avions compris que sa fierté en avait pris un coup. Maman a bien dû lui répéter que nous n'étions pas les seuls, que la misère frappait tout le monde et qu'il n'avait pas raison de tant s'en faire. C'est en maugréant qu'il prit la route de l'étable où il pourrait à volonté crier son amertume. Les animaux ne pourraient qu'être d'accord avec lui!

- Maudit torieu! Que ça va mal! Que j'en arrache dans la vie! Chienne de vie!

J'ai toujours pensé que ces paroles avaient été écrites par mon père ou pour lui.

Puis apparurent les beaux jours du printemps. La neige disparaissait à vue d'œil; bientôt les ruisseaux couleraient sous les deux ponts. Papa prit sa pelle à long manche et se dirigea du côté du ponceau juste en bas de la cour de la ferme. Au loin, on entendait le grondement sourd de la neige envahie par l'eau. C'était les champs d'Olsen qui déversaient leurs eaux dans la crevasse sous les saules. Papino à mes côtés, je regardais mon père pelleter la neige à l'embouchure du ponceau. Ses mouvements étaient rapides et saccadés, comme s'il participait à une épreuve, à un concours. C'est que le bruit devenait de plus en plus fort et se rapprochait comme s'il s'agissait d'une locomotive. Il se devait de faire une bonne canalisation pour permettre à l'eau de s'engouffrer dans le minuscule tuyau de métal allongé sous le chemin. Soudain, le fauve apparut. Jusque là, la neige recouvrait encore toute la crevasse, mais elle disparaissait en traçant une large ligne noire en plein centre du ravin. Papa l'attendait de pied ferme. Le torrent hésita un instant, puis se dirigea vers l'embouchure. Du haut de la falaise, Papino se mit à aboyer ne sachant trop de quel animal nous regardions ainsi les ébats.

- Va voir si l'eau sort de l'autre côté, me cria mon père en remontant sur le chemin. On pourrait avoir une autre inondation ce printemps, avec toute la neige qu'on a eue.

Sitôt dit, sitôt fait! Tout en jappant, Papino m'accompagna de l'autre bord du chemin. J'en étais ébahi. Déjà, le torrent avait envahi l'immense tas de neige qui avait presque atteint la hauteur de la route, en décrivant un grand cercle foncé. Le temps de le dire, un petit lac rond se formait. J'étais tout heureux de voir le printemps ainsi nous arriver si brusquement. Ce serait bientôt l'été, les promenades à travers champs, les vacances... Puis, je ne sais trop ce qui s'est passé. Papino dans son énervement me poussa directement dans le ravin. Je fis une chute de plusieurs pieds pour atterrir dans le petit étang d'eau et de neige où j'aurais tôt fait de m'engloutir, si mon père n'avait pas été témoin du manège. Donnant un solide coup de pied à Papino qui reconnut sans doute sa faute, car il se dirigea vers la maison en hurlant de douleur, mon père se laissa littéralement choir dans le fossé et s'approcha de moi qui pataugeais en tentant de me maintenir près de la rive enneigée. Je ne sais s'il eut le temps de penser qu'il ne savait pas nager ou si son aquaphobie s'était soudain subtilisée, mais, s'agrippant du mieux qu'il pouvait à un arbuste, il me saisit par les bretelles. Deux secondes plus tard, j'étais projeté sur la neige aux abords de la route où je pus respirer à l'aise. Malgré un radieux soleil de printemps, l'eau glaciale m'avait gagné les os et c'est, dix minutes plus tard, enveloppé dans une chaude couverture de laine, que j'entendis mon père faire le récit de notre mésaventure.

Ce sauvetage tenait à la paire de bretelles que je portais ce jour-là!

- Si les bretelles n'avaient pas tenu, je ne sais pas si votre frère serait encore vivant. Il allait disparaître dans le gouffre tout juste au moment où je l'ai agrippé. Les bretelles ont tenu, c'est le principal! Mettez-vous à genoux pour en remercier la Providence.

Cette histoire des bretelles fit le tour de la paroisse. Le dimanche suivant le père Picod annonçait au prône une basse-messe "pour faveur obtenue" payée par Napoléon et Rosalie Bergeron. Je n'étais pas surpris de sentir les regards s'abattre sur moi, dans le chœur de la petite église où je servais la messe avec mon grand frère Marcien. Quant à Papino, il fut rapidement pardonné.

Cet été-là fut le dernier passé à Saint-Lupicin.

LES HORIZONS NOUVEAUX

C'est à la période des semailles que nos parents décidèrent que nous quitterions la ferme de Saint-Lupicin pour nous reloger ailleurs. Encore fallait-il trouver une autre terre quelque part dans la région. Notre-Dame-de-Lourdes s'avérait la meilleure solution. Antoinette y était pensionnaire au couvent, le sol y était plus riche et le milieu social lui-même ne nous effrayait nullement, habitués que nous étions à frayer avec des gens de toutes origines. Les Français, les Suisses et les Belges de Lourdes seraient des voisins fort appréciés. Sans compter que papa avait en plein cœur du village un de ses meilleurs amis canadiens. Victor Robitaille y tenait "crémerie" dans le sens anglais du terme. En fait, il y fabriquait du beurre dans une énorme baratte motorisée. Ce Canadien pur laine, comme disait papa, avait su gagner le respect de tous par sa bonhomie et sa franchise à toute épreuve. Son commerce était florissant. C'est d'ailleurs à la crémerie de Lourdes que nous portions régulièrement les quelques gallons de crème que nous donnaient nos trois vaches. Chaque fois Victor nous disait :

- Passez donc à la maison voir ma femme et les enfants, je vous rejoindrai dans quelques minutes.

C'était pour nous l'occasion de prendre les quelques douceurs que notre presque tante avait toujours à nous offrir : crème glacée, biscuits et bonbons de toutes sortes qui, chez nous, ne faisaient vraiment leur apparition qu'aux temps des fêtes. Puis il y avait, pour chacun de nous, un enfant du même âge. Le temps de le dire et la maison entière était envahie et se transformait en salle de récréation.

Chaque année, à l'époque des fêtes, nous étions invités à une veillée. Papa et son ami Victor y chantaient leurs chansons et nous jouions à l'assiette, un jeu où les gages se transformaient en baisers qu'il nous était fort agréable de recevoir et de donner. Les grandes filles étaient jolies et ces veillées était toujours l'occasion de faire la connaissance de jeunes voisins et voisines aux noms étranges comme Sibileau, Gaboriau, Brick et même Braque. De plus, nous savions de tout temps que le grand-père maternel, Jean Bourrier, était enterré à Lourdes, que maman y connaissait par leurs noms presque toutes les Chanoinesses Régulières des Cinq-Plaies, puisqu'elle avait été pensionnaire au couvent de Saint-Léon tenu par les religieuses de la même communauté.

Un jour, après les foins, au début de juillet, papa nous annonça, à Marcien et à moi, que nous partirions très tôt le lendemain matin à la recherche d'une autre terre. C'était pour nous la grande aventure, et surtout, nous serions les premiers à voir notre nouvelle demeure; occasion de damer le pion aux filles et de montrer que le choix d'une terre, c'était l'affaire des garçons! Cette nuit-là, j'ai dû faire des rêves en couleurs. La nouvelle ferme serait une sorte de paradis, où j'aurais beaucoup d'espace pour jouer. Le sable y serait beau et blond. Je pourrais y manipuler mes tracteurs et machines à battre avec aisance. Je pourrais y construire toutes les maisons et étables imaginables et j'y posséderais peut-être un atelier pour y assembler mes instruments aratoires, avec de vraies roues, de vraies courroies et même de vrais moteurs pour les actionner.

Il faut préciser que jusqu'à maintenant, je n'avais pas été gâté. Je passais mes journées entières à jouer sur un tas de terre et de fumier desséché à quelques pas du potager où les animaux n'avaient pas accès, sauf Papino évidemment qui avait tous les droits! C'est là que mon imagination se manifestait à plein. Ici, la route conduisant au village, là, la ferme des voisins; un peu plus haut, l'élévateur à grain, le silo d'Altamont, le garage où je peux réparer mon tracteur... Il s'agissait d'un grand jeu où tout le décor se mettait en mouvement avec l'accompagnement sonore de bruits de bouche aussi variés que possible; tantôt le tracteur, la machine à battre, la vache dans son pâturage qui beugle à tout vent, la cloche de l'église... C'était la vie reconstituée à ma convenance, juste pour me faire le plaisir de voir ces pièces en mouvement. Papino venait bien parfois mêler les cartes, en donnant un coup de queue à droite ou à gauche, mais la plupart du temps, il respectait la consigne et aboyait tout juste au bon moment pour m'avertir de l'arrivée d'un voisin ou pour aller chercher les vaches au champ. Que d'heures j'ai passées à m'époumoner, à faire le tracteur, le camion, le cheval! C'est peut-être ce qui m'a développé les poumons, la diction, l'élocution, car rien de tel que de faire toutes sortes de bruits avec sa bouche pour lui donner une grande souplesse. Plus tard, lorsque je fis une série à la radio sous le titre du "Marchand de Sable", je revivais certains de ces moments de ma jeunesse et j'en éprouvais un plaisir immense. Quelle merveille de pouvoir laisser ainsi libre cours à son imagination! C'est le secret d'une certaine jeunesse éternelle.

Dès sept heures du matin, nous étions sur la route. La Queen attelée au sulky trottait sans difficulté, comme si rien ne la suivait. Papa à ma droite, Marcien à ma gauche, je réclamais pourtant mon petit triangle de la banquette en raidissant les genoux sur l'avant-garde du véhicule, tout juste derrière la queue de la jument. La journée s'annonçait chaude et même cuisante. Nous sentions que le soleil serait de plomb. À la hauteur de l'école Saint-Louis, une petite école du rang, comme on les appelait même au Manitoba, située à la rencontre des chemins de Saint-Lupicin et de Lourdes, papa décida d'emprunter le chemin de Pitou Lesage pour passer par des routes moins connues où il croyait pouvoir faire la découverte de nouvelles fermes à vendre ou à louer. Dans son esprit, il n'était surtout pas question d'acheter mais... "ce qui est à vendre peut être à louer" disait-il, en nous parlant de ce que nous tenterions de faire au cours de la journée.

- On m'a dit qu'il y avait une propriété à louer du côté de Saint-Adélard, puis une autre près des Bérard à un mille de Lourdes. Tout ça, c'est à voir.

Le chemin que nous prenions nous faisait éviter le village de Cardinal où nous pourrions revenir plus tard. La Queen semblait savoir où elle allait tout autant que nous. À l'entrée de Pitou Lesage, elle émit un hennissement auquel répondit spontanément l'étalon percheron depuis l'intérieur de l'écurie. Le père d'au moins trois de ses poulains ne pouvait la laisser indifférente. Comme pour lui faire plaisir, papa nous dit :

- Tiens, pourquoi pas aller voir Pitou. Il doit être à faire son train.

Notre jument n'eut pas à se le faire dire deux fois. En moins de deux, elle était à la porte de l'écurie d'où sortaient maintenant des hennissements et des trépignements de plus en plus insistants. Pitou apparut dans l'encadrement de la demi-porte.

- Salut Polion! Vous êtes en route de bonne heure à matin!

Puis, il enchaîna tout naturellement :

- On dirait que ta jument aurait besoin d'un petit service.

Mon père eut un moment d'hésitation en nous fixant du regard Marcien et moi.

- Ben, peut-être que les jeunes pourraient aller à la maison voir les tiens. Ils doivent être debout.

Nous avions compris que papa ne voulait pas que nous assistions aux ébats amoureux de la Queen. Lorsque nous sommes revenus à l'écurie une demi-heure plus tard, la Queen était attelée à nouveau au sulky et les deux Canadiens ou Canayens, comme mon père disait souvent en parlant des Canadiens français, causaient de la pluie et du beau temps. Pitou Lesage avait de véritables yeux de hibou. Son regard était perçant. Sa chevelure touffue et ondulée lui donnait une allure d'aventurier, d'un homme du large, de la plaine, qui aurait fait concurrence aux John Wayne de l'écran. Sa passion pour les chevaux lui allait à merveille. Aucun cheval ne lui résistait et papa lui accordait la palme quant à ses connaissances en la matière. Même si les deux amis ne se voyaient guère souvent, on sentait qu'ils se comprenaient à mi-mot.

- Merci ben pour tout, Pitou, lui dit mon père. Et à la revoyure.

Ça voulait tout dire, surtout, que le poulain de la Queen ne coûterait rien. Ce serait comme souvent un poulain d'occasion, mais un superbe percheron dont papa serait fier, comme il l'était de sa reine de l'écurie.

À deux milles de chez Pitou, nous étions en territoire inconnu ou presque.

- Tiens ce doit être chez Cyprien Lesage, ici, le cousin à Pitou. Et là-bas, à un mille, son frère Pierre. Il paraît qu'il y a une terre à louer en face.

Papa indiquait une maison de ferme attachée à l'étable. Les deux bâtiments n'en faisaient qu'un. Tout cela nous parut bien cocasse. De l'autre côté de la route, un des fils Lesage nous attendait. Il nous expliqua que la ferme était, en effet, à vendre ou à louer, mais qu'il faudrait démolir, soit l'étable ou la maison, puisque le gouvernement ne permettait pas que l'étable soit ainsi reliée à la maison.

- C'est une question d'hygiène. C'est des Européens, des Français qui ont construit ça. Ça se fait dans leur pays. Mais c'est pas permis icitte.

Reconstruire la maison ou l'écurie , cela ne souriait guère à papa qui pourtant admirait toutes les commodités de la maison solidement construite. Puis, en retirant sa casquette et la replaçant d'un geste qui lui était coutumier au chemin de fer, il prit la décision que nous poursuivrions notre route en gagnant l'ouest de la paroisse de Lourdes, dans la région s'approchant de Treherne, le village anglais voisin. Les terres y sont fertiles et les espaces boisés abondants. À quelques milles de là, c'est la descente dans la plaine, le pays des

Ukrainiens et des Polonais. Les premiers surtout y ont retrouvé leurs vastes steppes des vieux pays. À chaque pas de notre jument, j'avais le sentiment de rompre avec le passé, de découvrir de plus en plus le vaste monde dont parlait papa qui, lui, en avait vu des choses! Notre petite aventure ne semblait pas le troubler du tout. Cette route inconnue ne présentait aucun mystère pour lui. Tout de même, à un certain moment, je l'aperçus froncer les sourcils.

- O-O-O-, fit-il pour arrêter la Queen.

La jument stoppa si brusquement que je lui arrivai sur la croupe et faillis monter sur son dos. L'incident n'eut aucune conséquence fâcheuse, mais la Genie ou le fringant Jack n'auraient pas pris cela avec la sérénité de la percheronne! Ce fut l'occasion d'une bonne rigolade! Puis papa nous expliqua que lui non plus ne s'y entendait plus; cette petite route semblait, en effet, nous amener dans un ravin.

- C'est pas Dieu possible que des gens aient choisi d'aller s'enfoncer dans pareille forêt.

C'est donc à pas lents et en retenant le sulky, grâce au "reculoir", que la Queen nous fit descendre sous les grands arbres au sous-bois touffu, jusqu'à une sorte de clairière où se profilait le toit d'une maison et de quelques dépendances taillées à même la forêt. Ces constructions en rondins avaient belle allure et étaient habitées par une foule de petits animaux de toutes sortes : moutons, chèvres, ânes et mules, tous des animaux qu'on ne voyait que dans nos livres scolaires. Pourtant non, car l'oncle Jules faisait l'élevage des moutons et Jack Dodds ne cultivait sa terre qu'avec des mules. Mais, à voir les canards, les oies et des pintades autour d'un vaste étang formé grâce à un solide barrage de pierres qui traversait le cours d'eau au fond du ravin, nous avions l'impression de pénétrer dans un monde étrange où pourrait nous apparaître quelque sorcière à la voix éraillée et au rire saccadé d'outre-tombe. Ce fut au contraire, un vieux monsieur à la tête blanche, vêtu d'un pantalon de ferme propre et une fourche à la main, qui vint à notre rencontre.

- Bonjour messieurs! Que puis-je faire pour vous?

Papa surpris de l'allure plus que correcte de notre hôte, toussota un peu, se ressaisit légèrement, puis lui expliqua que nous étions en quête d'une bonne terre, que la famille était nombreuse et que...

- Ici, cher monsieur, la terre n'est pas très grande. J'ai tout juste quelques acres de sol arable; une dizaine pour le blé, trois ou quatre pour l'orge et l'avoine et tout se fait à la manière d'autrefois, sauf pour la récolte de blé qu'un voisin vient battre à sa convenance. Ce froment nous sert à ma femme et moi pour faire le pain. Ce serait nettement insuffisant pour nourrir une famille de plusieurs enfants.

Alors, sortit de la maison une femme portant un beau tablier brodé, nettement serré à la taille qu'elle avait plutôt forte.

- C'est madame Dacquay, ma femme! Nous vivons ici depuis vingt-cinq ans. Notre fils prêtre poursuit ses études en France. Nous nous faisons vieux et voulons nous retirer au village de Lourdes.

Le vieux monsieur me faisait penser à l'oncle Étienne par la netteté de son discours et aussi par la coupe de sa moustache légèrement relevée à ses extrémités. Puis il nous invita, ou du moins mon père, à prendre un verre de vin de sa fabrication. Quant à nous, la dame nous offrit un chocolat chaud et un biscuit qui avait le bon goût des pâtisseries maison. Ces instants vécus dans ce décor de sous-bois éclairé par les rayons du soleil que filtrait un épais feuillage, avait quelque chose de magique. Le bruissement d'une petite chute ponctué par le caquetage de la basse-cour et le braiment d'une ânesse me transportait dans un monde de légende.

Il fallait donc nous résigner à poursuivre notre route en gagnant le village de Lourdes. Le soleil de midi était de plomb et il fut convenu que nous nous arrêterions sous le premier gros arbre feuillu pour y prendre notre repas. Nous étions en vue d'une ferme où papa avait travaillé, étant jeune, à la période des moissons. Sous un immense chêne, seul arbre géant au Manitoba, nous avons pique-niqué, en déballant du panier attaché sous la banquette les sandwiches et morceaux de tartes que nous avait préparés maman. Le tout fut avalé rapidement puisque nous avions encore une bonne quinzaine de milles à faire. La Queen avait bu plein son saoul chez les Dacquay et broutait maintenant près de la route en attendant le retour de ses passagers. Le village était en vue et l'angélus sonnait au loin. Ce vaste territoire semblait à peine habité. Une maison et quelques bâtiments par demi-section, des collines boisées, de grandes bandes vertes de la future récolte de blé, d'orge et d'avoine, tout cela semblait inerte sous les ardents rayons du soleil. Seules les ondes de chaleur agitaient le paysage. L'air devenait irrespirable et accablant, tout nous invitait au sommeil.

- On va s'étendre quelques minutes, les gars, puis, après...

Papa ronflait déjà!

Une quarantaine de minutes plus tard, nous nous arrêtions dans une ferme, à environ trois quarts de mille de notre halte. Il suffit de quelques instants à la pauvre femme qui nous accueillis pour nous mettre au courant de toutes les misères qui l'accablaient : grossesses nombreuses, maladies, accidents de toutes sortes. C'était à croire que le ciel lançait toutes ses foudres sur cette mère éplorée et son mari mal-en-point, entourés de quelque six enfants dont trois petits encore accrochés aux jupes de la maman. Pourtant, la terre était bonne, la dizaine de vaches qui broutaient dans le pâturage semblaient toutes en bon état. Toutefois, papa se rendit vite compte du délabrement des bâtiments de ferme. C'était triste à voir. Les instruments aratoires traînaient par-ci, par-là, dans le foin et les choux gras, le toit de la grange avait été partiellement arraché et trois cochons hurlaient leur infamie près d'une soue entourée de boue dans laquelle surnageaient deux auges rongées et des détritus de tous genres... Non, décidément, ce n'était pas l'idée que se faisait mon père d'une ferme! Relever tout ça, devait-il penser, prendrait des efforts qu'il n'était pas en mesure de faire. Le chapelet des infortunes terminé, ou à peu près, sous le regard d'un mari avachi dans un ancien fauteuil de salon, nous décidions de lever séance et de remonter dans notre sulky. Sous nos chapeaux de paille, la sueur nous ruisselait sur les joues et les mouches étaient de plus en plus envahissantes. Même la Queen semblait avoir hâte de quitter les lieux et mon père, sitôt passé la barrière, eut pour le pauvre Gaston des propos passablement sévères. Paresseux comme trois ânes, il n'avait su continuer la besogne de son père qui tenait cette ferme comme un sou neuf. Une fois hors de portée de voix, ses paroles devinrent encore plus virulentes à son endroit et le tout finit par des propos qui rendaient compréhensibles les tristes lamentations de la pauvre femme.

- Ya des gens qui courent après leur malheur. Maudite affaire!

Il était environ quatre heures lorsque nous sommes

arrivés au village de Notre-Dame-de-Lourdes. Deux ou trois voitures de ferme auxquelles étaient attelés de gros chevaux de trait devant le magasin Bazin, une ou deux devant le bureau de poste et un boghei devant chez Delaquis, autre lieu de ravitaillement général; le village était pour ainsi dire assoupi sous la canicule. Seuls les coups de sabots des chevaux pour chasser les mouches rompaient le silence. À la hauteur de l'hôtel Notre-Dame, des voix fusaient du "beer parlor", un lieu que ne prisaient guère les Chanoines Réguliers de l'Immaculée-Conception! Selon eux, c'est là qu'allaient toutes les économies de la paroisse. Même à cinq cents le verre, un père de famille avait tôt fait d'y laisser sa paye de la journée. Le gardien du Silo de la United Grain Growers étant le coq du village, avec ses quatre-vingt dollars par mois, on s'imaginera facilement que les revenus moyens de la paroisse se chiffraient à un dollar ou deux par jour. Les soiffards n'avaient donc pas très bonne réputation, mais pour papa prendre un p'tit coup, c'était toujours agréable. Puis, c'était un endroit où il pourrait recueillir des renseignements sur ce qui nous préoccupait au plus haut point : une bonne terre à louer. Marcien et moi irions chez Lamoureux, un petit restaurant avec salle de billard attenante.

- Revenez au sulky dans une demi-heure et nous continuerons notre randonnée.

Nous, nous savions que pour se renseigner vraiment, il lui faudrait une bonne heure, sinon plus. Après une ou deux parties de pool, et une glace, c'en était fait de nos économies de plusieurs semaines à tuer des gophers à raison de deux cents la queue. Il faut ajouter qu'au début des vacances, tante Anna et l'oncle Élie étaient venus de Winnipeg et nous avaient donné, à chacun des enfants, vingt-cinq cents que nous avions soigneusement mis de côté pour une grande occasion.

De retour devant l'hôtel, Marcien cru bon d'aller faire boire notre jument à l'auge du village où était située autrefois une grande étable municipale mise à la disposition des agriculteurs durant l'hiver pour y faire séjourner leurs chevaux. On y louait aussi des attelages pour les voyageurs avant l'arrivée du chemin de fer. Au début du siècle, ces "livery stables" servaient de point de relais et de ravitaillement pour les diligences desservant la région de la Montagne. Celle de Somerset était encore en usage dans les années trente.

Les discussions allaient bon train pendant ce temps à l'intérieur de la buvette et les voix semblaient devenir de plus en plus tonitruantes. En fait, c'était la première fois que je constatais vraiment à quoi servait un "beer parlor"; la définition de l'ivrognerie me revenait en tête : "...rend l'homme semblable à la bête et souvent le fait mourir". C'était donc ça! Les Chanoines avaient raison de s'en plaindre! On y perdait la tête! Comment papa en sortirait-il? Nous pouvions nous poser la question. L'angélus de six heures sonna à toute volée. Papa l'entendrait peut-être et reviendrait à la raison, du moins, au sulky. Non. Il faut croire qu'il n'avait pas encore tous les renseignements dont il avait besoin, en vue de la dernière étape de notre randonnée. Sept heures. Il fallait faire quelque chose. Dans le panier à collation, encore quelques radis et bouts de pain apaisèrent notre fringale. Marcien était devenu impatient et fit mine d'entrer dans le sanctuaire des mâles adultes. Il risquait fort de se faire rabrouer par le maître de séant, un gros monsieur ventru qui veillait à ce que ses clients ne soient jamais dérangés et puissent ingurgiter verre après verre du précieux liquide servi bien froid, avec sel ou pas, selon le goût de chacun.

Arriva sur les entrefaites un de nos oncles qui prit à peine le temps d'attacher son cheval pour entrer rapidement se désaltérer. Très bel homme, portant moustache et cheveux ondulés, l'oncle Louis ressemblait à un de nos héros de l'histoire manitobaine, le grand Louis Riel, le célèbre chef des Métis qui, après bien des déboires avec les Anglais, fut pendu à Régina. J'avais vu sa photo dans certains des livres français que nous cachions au fond de nos pupitres à l'école et que nous rapportions chaque soir à la maison, au cas où l'inspecteur anglais passerait faire sa ronde. Tout ça était devenu un grand jeu qui nous rendait tous complices du bien et non du mal; car être Canadien français n'avait rien de mal en soi, au contraire, nous seuls irions droit au ciel! L'oncle Louis était donc entré dans le "beer parlor", sans nous reconnaître. Son arrivée eut un effet bénéfique, puisque quelques minutes plus tard papa venait nous voir tout juste le temps de nous dire qu'il n'en aurait pas pour longtemps. Quelqu'un venait de lui apprendre qu'un certain Schumacher de Cardinal avait une terre à louer à Saint-Adélard, à cinq milles du village de Lourdes. Puis, il retourna dans le sanctuaire et n'en ressortit qu'une heure après, au milieu d'un fracas de bouteilles et de tables bousculées. Une bataille avait éclaté parmi les clients de la taverne. L'oncle Louis en était un des protagonistes. Les jurons fusaient de toutes parts, en anglais comme en français. Puis, la porte du sanctuaire s'ouvrit et il nous fut possible d'assister au dénouement du drame. Papa retenait l'un des bras de l'oncle fougueux qui brandissait l'autre avec une rage démentielle.

- Je vais vous crucifier, tous! s'exclamait l'oncle, avec la détermination de celui qui mène ses troupes au combat.

- Voyons, p'tit-Louis, disait papa, calme-toi! Ce

sont tes amis, eux! Ils ne t'en veulent pas. Viens, je vais te conduire à ton boghei.

L'oncle se mit alors à marmotter toutes sortes de propos où il clamait sa tristesse de voir des gens lui reprocher son manque de générosité. Je fus touché profondément par cette scène qui me hanta jusqu'au jour où ce même oncle, quelques années plus tard, alors atteint de cancer, à l'âge de quarante-neuf ans, me fit une des plus belles déclarations d'amour-de-la-vie qu'il m'a été donné d'entendre. Ces rudes gaillards, pionniers de l'Ouest, qui travaillaient comme des forcenés, avaient un cœur d'enfant dans la poitrine. Il nous revient de reconnaître que nous leur devons le bien-être d'ajourd'hui.

Nous n'étions donc pas revenus bredouille de notre expédition sur la montagne Pembina. Quelques jours plus tard, papa signait une entente avec M. Joseph Schumacher, que tous appelaient Jo Choumac, pour la location de sa terre devant l'école Saint-Adélard. Cent soixante acres de bonne terre de "gumbo", dont une vingtaine en pâturage, une petite maison, une écurie, deux graineries, un bon puits et un petit bois. Nous y déménagerions en septembre pour la rentrée des classes à l'école Saint-Adélard. Une vie nouvelle allait bientôt commencer.

LES ANNÉES TRENTE

Durant toutes ces années passées à la ferme de Saint-Lupicin, la famille avait grandi. Après Gertrude et Liliane, Joseph nous était arrivé précisément le jour de la fête de Saint- Joseph, le 19 mars. Maman voyait là un autre signe du ciel, mais quelques mois plus tard, elle était atteinte d'une maladie mystérieuse qui nous causa beaucoup de chagrin. Nous avons même cru, un triste jour de printemps, qu'elle nous serait enlevée. Heureusement, le docteur Galliot avait pu venir de Lourdes lui administrer une potion magique qui l'avait remise sur pied en quelques jours. Ce médecin était un herboriste et chaque fois qu'il nous rendait visite, il pénétrait dans les buissons et bosquets des environs et en ressortait avec tout un assortiment d'herbes et de feuilles cueillies à droite et à gauche. Avec une de ces plantes, ou peut-être plusieurs, il avait préparé pour ma mère une sorte de tisane sur le poêle de la cuisine. Puis, il s'était présenté au chevet de ma mère en lui disant :

- Tiens, voilà qui devrait vous guérir. Ce breuvage est très amer, mais si vous parvenez à le boire en entier, je vous assure que vous serez bientôt en bonne santé.

Pauvre maman dut se pincer le nez et avala le tout en gémissant à chaque gorgée. Sa sœur, la tante Thérèse, qui avait eu la permission de sa communauté de venir à l'aide de sa cadette, nous avait alors réunis dans la cuisine pour prier à genoux et implorer le ciel de redonner la santé à sa sœur Rosalie. Avant de partir, le docteur Galliot avait eu des paroles encourageantes, mais l'inquiétude devait se poursuivre jusqu'au lendemain midi. Nous étions attablés pour le repas du midi, lorsque maman nous est apparue debout dans l'embrasure de la porte du salon. La tante eut tôt fait de la remettre au lit, mais nous savions alors que les forces lui étaient revenues. Quelques jours plus tard la vie reprenait son cours normal. Cependant, la guigne semblait s'acharner. Le petit Joseph devait à son tour ramener le docteur à notre porte. Mais encore une fois, ses herbes miraculeuses devaient faire des prodiges. L'enfant squelettique qu'il était devenu, à ne pas pouvoir se nourrir, reprit le biberon et ses couleurs de santé pour la plus grande joie de tous.

En 1933, un des plus grands malheurs de mon enfance devait s'abattre sur notre maisonnée. La petite Simone, qui suivait Joseph des quelque dix-huit mois d'écart habituel entre les enfants, succombait à une méningite provoquée par le lait d'une vache tuberculeuse. Ironie du sort, papa avait acheté cette vache au père Picod qui, lui, l'avait achetée des Baron, une famille habitant dans le secteur est de la paroisse. Lorsqu'elle atteignit ses quinze mois environ, Simone manifesta des signes de maladie par des vomissements fréquents et des crises de pleurs qu'on attribue généralement à des coliques. Puis commencèrent les convulsions qui amenèrent le docteur Galliot à recommander son hospitalisation. L'hôpital de Saint-Boniface était selon lui le seul endroit où elle pourrait être traitée.

Maman, déjà enceinte de son dixième enfant, prit le train à Babcock avec la petite Simone dans les bras. Pendant des semaines, nous n'avions que très peu de nouvelles de ce qui se déroulait dans la grande ville. Maman logeait chez la tante Anna et l'oncle Élie qui demeuraient rue McDermot à Winnipeg. Elle se rendait tous les jours à l'hôpital de Saint-Boniface passer la journée auprès de la petite Simone. L'état de l'enfant empira au point où les médecins lui annoncèrent qu'ils ne pouvaient plus rien faire pour elle et que maman devait envisager l'alternative suivante : ou bien la petite serait envoyée à l'hôpital Saint-Roch pour incurables et contagieux, ou bien, elle pourrait la garder auprès d'elle dans une maison où il n'y avait aucun enfant en bas âge. Tante Anna prit donc la décision de placer maman dans une chambre de sa maison où elle serait en quelque sorte séquestrée jusqu'à la mort de notre petite sœur. L'oncle Jules qui apprit la triste situation dans laquelle se trouvait notre mère décida d'amener toute la famille lui rendre visite, même si nous ne pouvions pas voir la petite malade. Maman prit donc toutes les précautions nécessaires pour nous recevoir sans que nous risquions d'attraper la funeste maladie. Ce fut notre premier voyage à Winnipeg dans la superbe Plymouth de l'oncle Jules qui en profita pour nous faire faire un peu de tourisme, en passant par le pont Provencher pour nous rendre à Saint-Boniface visiter la Cathédrale, l'Archevêché et quelques autres lieux intéressants. Mais nous avions l'âme déchirée à la pensée qu'à moins d'un miracle, nous ne verrions plus la petite Simone. En pensant à elle, il m'arrivait de me faire des reproches. Peut-être avions-nous pris trop à la légère les consignes de nos parents lorsqu'ils nous demandaient de nous occuper d'elle aux premiers temps de sa maladie. Installés à tour de rôle à son chevet, nous devions chasser les mouches et veiller à son bien-être, lui donner à boire, lui humecter le visage. Combien de fois n'avions-nous pas failli à la tâche et causé ainsi en partie la perte de la petite Simone.

C'est par un chaud dimanche du mois d'août qu'elle fut enterrée dans le cimetière de Saint-Lupicin. Elle n'avait que seize mois et le petit cercueil blanc avait dû être fermé sans que nous ayons pu voir son petit visage amaigri par trois longs mois de maladie. Ce jour-là, je sentis particulièrement le réconfort que m'apportait l'oncle Étienne qui, la main sur mon épaule me parla des jours sombres que nous avons parfois à vivre et que nous devons accepter tout comme les moments ensoleillés de notre existence. Il me disait qu'au moins notre petite sœur ne souffrait plus. Bien sûr, elle n'aurait demandé qu'à vivre comme nous, comme moi. Cet ange au ciel saurait nous venir en aide, le cas échéant. Sa belle voix grave m'enveloppait et ses paroles mirent fin à mes pleurs. À huit ans, je vivais mon tout premier deuil; heureusement, le second n'arriva que quarante ans après.

La petite Simone disparue, quelques semaines plus tard, précisément le 13 septembre, venait au monde celui qui devait porter un nom rattaché à la lignée Bergeron. C'est papa qui insista pour que le nouveau-né portât le nom de Léandre, son aïeul, c'est-à-dire notre arrière grand-père. La joie revint aussitôt dans la famille et, sans être oubliée vraiment, la petite Simone était, pour ainsi dire, remplacée par un petit garçon dont l'état de santé aurait pu être compromis, maman ayant passé par une si grande épreuve. Léandre ne posa aucun problème particulier et tous voyaient en lui un bébé vigoureux et en pleine forme qui viendrait chasser les cauchemars vécus et partagés par toute la petite cellule familiale.

UNE BONNE FESSÉE

La vie reprenait donc de plus belle et c'est à ce moment que papa commença à penser à notre futur déménagement. Avec huit enfants à nourrir sur une terre de roches, comme il qualifiait parfois son quart de section, quand il s'exténuait à ramasser des cailloux, il lui parut utile de préparer maman au grand départ. Ce n'est toutefois que deux ans plus tard que le tout se réalisa. Entre temps, notre aînée Antoinette était de plus en plus absente de la maison pour poursuivre ses études au couvent de Lourdes et c'est Suzanne qui devint pour ainsi dire la seconde mère de famille pour s'occuper en particulier des quatre plus petits. Quant à moi, j'étais parmi les quatre grands et devais prendre au sérieux les besognes qui m'étaient dévolues : entrer le bois de chauffage, transporter l'eau du puits, remplir la bouillotte du poêle de cuisine, ramasser les œufs. Marcien, lui, du haut de ses douze ou treize ans devait déjà faire une partie du train : soigner les animaux, remplir la grande auge en pompant à la main l'eau du puits, nettoyer l'écurie et, besogne qu'il détestait au possible, traire les vaches. J'étais bien d'accord avec lui lorsqu'il s'en prenait à ces bêtes, pourtant si utiles. Leurs grands yeux hébétés, leur entêtement à n'en faire qu'à leur tête de vache et leur habitude de toujours se mettre les pieds dans les plats ou dans les seaux à lait, le mettait en rogne contre tout être de leur espèce. Pourtant, je ne l'ai jamais vu en maltraiter une, pas plus que mon père d'ailleurs qui, à ce point de vue, était très strict.

- Les animaux ne sont jamais nos ennemis. Ils ne demandent qu'à nous aider, mais chacun a son tempérament.

Et ces propos l'amenaient à nous parler de notre comportement d'enfant qu'il jugeait parfois abusif.

- Si vous abusez de notre patience, vous risquez qu'on se fâche. Si je peux paraître en colère, c'est que vous méritez d'être corrigés.

Une fois seulement je dus subir les foudres calculées de mon père. En revenant de l'école, dans le minuscule sulky qui prenait jusqu'à quatre passagers, je n'avais cessé de tapoter ma grande sœur Suzanne dans le dos. Elle avait beau me dire de cesser, qu'elle le dirait à papa en arrivant, rien ne fit arrêter ces agacements de petit bonhomme agité. Froidement, je dus baisser pavillon et pantalon à notre arrivée! Les quelques bonnes applications de la main calleuse de mon père sur mes fesses m'ont fait pénétrer en mémoire, une fois pour toutes, la gravité de mes insouciances et je dois avouer que ce fut salutaire. Que je sache, je n'ai jamais recommencé pareil manège!

ADIEU RIGODIN!

En quittant Saint-Lupicin pour Notre-Dame-de-Lourdes, nous faisions, en quelque sorte peau neuve. Changement de paroisse, d'école, de voisins, de camarades de jeu. Tout était à recommencer. Ce fut un bien triste jour lorsque papa nous apprit qu'avant de partir, nous devrions expédier notre petit cheval Rigodin, devenu de plus en plus handicapé, vers un "monde meilleur". Ça voulait dire à l'abattoir ou aux renards, comme c'était le cas de tous les vieux chevaux. Après tout, il devait être vieux, Rigodin, puisque lorsque nous l'avions acheté, ou troqué serait l'expression plus juste (et pour un cochon mort par-dessus le marché!), il avait bien quinze ans, nous avait dit papa. J'avais alors cinq ans, et cinq ans plus tard, cela lui en donnait bien vingt. Vingt ans, c'est vieux pour un cheval de son espèce. Mais vieux, ou pas, Rigodin était pour nous un personnage qui, en disparaissant de notre existence, nous rappelait la précarité de la permanence des êtres et des choses. Mais le sort en fut jeté et par un matin de fin d'été, triste à en pleurer, Rigodin fut hissé à bord d'un gros camion où sa petite tête blanche disparut parmi celles de ses semblables. Heureusement, il me restait mon chien Papino pour me consoler.

LES BATTAGES

Notre départ pour Lourdes avait été fixé au 15 septembre. Entre temps, auraient lieu les moissons, la coupe de l'avoine, de l'orge et finalement du blé, dont le rendement serait, au dire de papa, assez bon pour sa "terre de roches". Puis, par un chaud matin de la fin du mois d'août apparut, comme chaque année, sur la route de la grande côte, le tracteur fumant de l'oncle Jules tirant la grosse machine à battre. Marcien, déjà assez vieux pour conduire un "team" de chevaux attelés sur gerbière (qui pour nous était un "rack"), était tout fin prêt à commencer sa rude journée, avec ses beaux gants tout neufs et son chapeau de paille façonné à la manière de ceux des cowboys dont il était l'émule le plus parfait. Les centaines de "stouques", ces amas de gerbes réunis debout afin de les faire bien sécher, disparaîtraient presque tous avant le coucher du soleil ou, alors, il faudrait travailler jusque tard dans la soirée, car l'oncle Jules n'accordait qu'une seule journée à notre petite récolte de blé, d'orge et d'avoine. Si les machines tombaient en panne, ce qui arrivait plus souvent qu'autrement, ça changeait tout le programme et il fallait bien remettre au lendemain, tout comme si la pluie se mettait de la partie. C'est ainsi que très souvent les engins de l'oncle durent passer plusieurs jours près du meulon de paille, en plein milieu du champ. Papa aurait bien souhaité avoir un meulon plus près des bâtiments de la ferme, mais le maître-d'œuvre ne l'entendait pas ainsi, puisque les charrettes auraient eu à parcourir une distance trop considérable pour alimenter la gourmande batteuse.

Pendant la durée des battages, il n'y avait pas que les hommes qui travaillaient; les cuisinières n'avaient pas la tâche facile. Il fallait nourrir une bonne douzaine d'hommes affamés qui se présentaient dès six heures du matin pour le petit déjeuner. Le bacon et les œufs se multipliaient dans la poêle et les crêpes sautaient dans les assiettes. Confitures de fraises et de framboises sauvages, de rhubarbe et de poirettes ou "saskatoons", baissaient à vue d'œil dans les bocaux. Puis, c'était le défilé des charrettes vers le tracteur et la batteuse pour la cueillette des gerbes que les piqueurs lançaient par groupes de deux et même de trois, au cours des premières heures de la journée. Le rythme changeait avec le poids du jour. Pendant que les hommes déjeunaient, l'oncle Jules faisait l'installation de ses machines. Après avoir pris la direction du vent, il orientait la batteuse pour que personne ne soit incommodé par le lance-paille. Il lui fallait aussi placer la grainerie tout près de la batteuse pour y ensiler le grain. Pour moi, toutes ces manœuvres avec le tracteur étaient fascinantes. Je les observais minutieusement, car j'aurais à les faire moi-même dans mon carré de terre avec mes machines fabriquées de rondins sciés et "gossés" pour ressembler en tout point à celles de l'oncle Jules. J'aimais surtout le voir aligner le tracteur devant la batteuse afin que les poulies de l'une et de l'autre machines puissent parfaitement recevoir la longue courroie qui les reliait. Sur son tracteur l'oncle Jules semblait un homme heureux. Il n'avait le temps ni de fumer, ni de parler, lui qui pourtant aimait tant faire l'un et l'autre! Quand tout était en place, que la courroie se mettait en marche et que la grande gueule de la batteuse engloutissait les gerbes deux à la fois, il pouvait alors allumer une bonne pipée ou prendre une bouchée sur le siège du tracteur tout en suivant de près tous ses hommes au travail. Si l'un ou l'autre n'alimentait pas bien la gourmande machine, son cri strident perçait le grondement incessant du tracteur et des centaines de poulies et engrenages en mouvement.

Les premiers jours des battages, il fallait surveiller les chevaux qui n'avaient pas l'habitude de ces manœuvres. La machine à battre les effrayait. Les approches étaient souvent ratées. Le conducteur de l'attelage devait alors se reprendre pour placer la gerbière tout juste là où il fallait, sans quoi les gerbes risquaient de manquer la cible au lieu de s'aligner, tête première, dans "l'alimenteur". Mais, tous ces problèmes résolus, de la grainerie où je devais faire la répartition du blé sur toute la surface du rectangle d'environ seize pieds sur dix, je pouvais voir l'oncle Jules étendu sur une couverture derrière son tracteur. Il y dormait sur ses deux oreilles comme un bienheureux.

Tout en pelletant le grain jusque dans les coins de la grainerie, rien de meilleur qu'une bonne chiquée de blé dur de l'Ouest de renommée mondiale! Ça remplaçait avantageusement la gomme à mâcher de chez Henri Payette! Ce froment nous semblait si bon et si appétissant que nous devions nous rappeler l'avertissement des parents que, si nous en mangions trop, nous pourrions avoir une indigestion. Ce ne fut cependant jamais le cas. Après une journée entière dans cette cabane à respirer la poussière qui accompagnait la chute de chaque minot de blé, je n'avais guère à me faire bercer pour m'endormir. Heureusement, il y avait relâche pour une heure et demie à midi et parfois quelqu'un venait me remplacer pour me permettre de faire un voyage avec le camionneur qui faisait le transport d'une partie du grain au silo d'Altamont. C'est ainsi qu'un jour, papa me dit:

- Veux-tu aller à Altamont avec Frank Wilson? Il va t'emmener avec lui.

Je bondis hors de la grainerie par le petit hublot que formait la partie supérieure de la porte maintenant plus qu'à moitié barricadée. Deux secondes plus tard, j'étais à ses côtés dans un camion passablement malmené qui prenait mal chacun des engrenages. C'est par saccades que nous nous sommes arrachés du champ pour ensuite prendre la route de terre, puis de gravier, menant à Altamont, en passant devant chez l'oncle Jules et l'oncle Étienne, et devant la maison du bousilleur: c'est ainsi qu'on nommait un cultivateur célibataire dont la cour, d'une malpropreté innommable, était encombrée de mille objets et instruments de toutes sortes. Un peu plus loin, nous apparaissaient les deux silos d'Altamont, le plus gros village des environs avec son magasin général, son "beer parlor", son hôtel, sa forge et deux garages pour les réparations mécaniques. Un important concessionnaire de John Deere y faisait un commerce florissant tout comme son concurrent Massey-Ferguson.

Au départ de la ferme, le gros Frank Wilson, un bedonnant personnage, m'avait dit :

- Do you speak English?

Je lui avais lancé un "no" catégorique. Mais il avait vu que je le comprenais parfaitement et il continua de me parler dans la langue de Shakespeare sans obtenir vraiment de réponse ou de commentaire de ma part. Il m'a probablement dit :

- I've got a little boy like you.

Je ne me rappelle que les quelques hochements de tête que j'ai pu lui faire; peut-être me suis-je risqué à lui dire quelques mots. Toujours est-il que nous avons fait un excellent voyage et je riais chaque fois qu'il se retournait vers moi et qu'il rigolait avec ce rire de chiqueur de "plug" aux dents jaunies par la nicotine. Plus tard, en voyant le personnage du bossu de Notre-Dame joué par Charles Laughton, je me revoyais en présence de ce Frank Wilson, joyeux compagnon de voyage et autre géant apprivoisé de mon enfance.

Les battages terminés, papa retournait à Melville gagner l'argent nécessaire pour payer les dépenses de la ferme pour une autre année. Le 15 septembre arrivait à grands pas. Ce serait le grand dérangement!

LOURDES

Notre déménagement à Lourdes eut l'effet d'une mutation. Nous devions tous en subir les conséquences. La paroisse-famille se transformait en milieu social beaucoup plus complexe. Pour maman toutefois, le choc fut d'une autre nature.

Par un beau matin de septembre, le cortège de trois charrettes contenant tout l'avoir de la famille s'ébranlait sur la route menant à Cardinal, puis, vers Saint-Adélard. Le chargement s'était effectué sans trop de difficulté, le jour même, aux premières lueurs. Tous avaient mis la main au branle-bas, transportant des tiroirs, démontant les lits, enfournant le tout, dans un certain ordre, à bord des charrettes, afin de faciliter le déchargement au point d'arrivée. Ensuite, il fallait organiser la grande marche du bétail. Peu habituées au licou, les deux génisses refusaient carrément d'avancer en raidissant les deux pattes avant, résistance qu'elles durent juger inutile dès le signal du départ. Les poules entassées dans des cages de fortune piaillaient, criaillaient leur mal de vivre, au même titre que les deux truies qui logeaient à leurs côtés. La dernière charrette qu'on avait sortie de sa retraite près de la ruche d'abeilles au fond du jardin et que papa avait rafistolée de son mieux pour le voyage transportait les victuailles, des bidons d'eau fraîche, des sacs de céréales et l'équivalent de trois ou quatre "vailloches" de bon foin dans lequel la chatte fut enfouie avec sa nouvelle portée de chatons. Des boîtes de légumes, de pommes de terre et de conserves servaient de fauteuils aux voyageurs fatigués de marcher ou de courir le long de la caravane. Marcien avait pris la conduite du premier attelage, papa du deuxième et je me vis confier la direction de la vieille voiture de ferme, qui, malgré son âge, ne faisait entendre aucun grincement particulier, grâce à la graisse dont papa lui avait copieusement garni les moyeux. Maman avait pris place dans le boghei que tirait notre vieille jument "Loudy" une véritable "picouille" dont mon père avait moult fois souhaité la disparition, au su de tous. Elle avait toujours le don de le faire enrager, et cela presque en toutes circonstances. Il ne lui demandait plus que ce dernier service avant de l'expédier aux renards comme Rigodin. Le plus fougueux attelage des trois était celui de Marcien : deux jeunes chevaux de deux ans et demi, l'un fils de la Queen et l'autre de la jument belge Kate. C'était la première fois que nous pouvions nous enorgueillir de posséder pareille écurie.

C'est donc au pas lent des vaches laitières que s'accomplit le trajet. À Cardinal, après cinq milles de route, une halte s'imposait. Il était onze heures environ. Le soleil était bon et tonifiant. Je n'éprouvais aucune difficulté à conduire mes deux chevaux qui tout naturellement obéissaient aux mouvements de la charrette précédente. Je reconnaissais au passage les fermes que nous avions aperçues ou visitées lors de notre voyage d'exploration avec papa. Partout les champs avaient été moissonnés, les meulons de paille dressant leurs silhouettes tantôt de chameau, tantôt d'ours ou simplement de chat au dos arrondi, seuls vestiges de la récolte annuelle, tout comme les champs de chaume déjà en partie labourés. Puis, nous voilà devant la ferme des Dupasquier. La nôtre est en vue.

- Vous voyez là-bas, une touffe d'arbres au bout du

grand champ? C'est là qu'est la maison, blottie sous le plus grand des arbres.

On n'y voyait pas encore grand chose. Maman devait encore imaginer une belle grande maison où chacun aurait son petit coin bien à lui. Le rêve devait être de courte durée.

Papino, par des aboiements répétés, donna le signal du départ de la dernière étape, comme s'il avait été chargé de diriger la caravane. J'avais cru remarquer qu'au moment de quitter la maison, lui, qui en était le gardien souverain, avait hésité avant de se joindre à nous. Il était même resté caché dans sa niche de fortune sous la grainerie voisine de la maison. J'avais eu beau le supplier, il refusait de nous suivre. Mais, s'étant aperçu que tout son monde le quittait, il s'était résolument mis en route et avait même sauté dans la gerbière à mes côtés.

En apercevant la maison, maman s'effondra.

- C'est pas possible, c'est pas possible! disait-elle entre deux sanglots. Comment allons-nous loger dans une si petite maison?

Sa déception dut faire place quelques instants plus tard aux cris d'émerveillement des enfants. Chacun venait de découvrir un petit quelque chose qui faisait sa joie, ne fut-elle que passagère. Pour ma part, je m'émerveillais de la proximité de l'école. Je me disais que si, par hasard, il m'arrivait d'oublier un crayon, une règle, ou quelqu'autre objet à la maison, je n'aurais qu'à revenir le chercher et le tour serait joué. Je me rappelais les quelques fois où j'avais dû reprendre le chemin de l'école Faure pour retourner y chercher un livre oublié. Rigodin n'était surtout pas d'accord de refaire le trajet. À une occasion, il m'avait projeté de son dos jusque sur une grande pierre plate, au bord de la route, d'une simple ruade. Il avait carrément refusé de quitter l'enclos de la maison. J'avais dû subir le courroux de ma maîtresse et faire le pensum imposé sans plus.

Suzanne était passablement de l'avis de maman quant au peu d'intimité que chacun aurait dans la petite maison, mais elle décida d'en prendre son parti et organisa la disposition des lits et des quelques meubles que papa et Marcien descendaient des charrettes. On fit appel à un jeune voisin attiré par notre arrivée pour l'installation du poêle de cuisine lourd, gros et encombrant. Le voisin gringalet avait plus de bonne volonté que de force, mais ce fut notre premier contact avec les gens du pays. Il s'appelait Clément Pantel. Sa grande bonhomie et son fort accent du midi nous firent tous un peu sourire en coin. De plus, il boitait de la jambe gauche. Il ne tarda pas à nous dire que c'était là le résultat d'un fâcheux accident survenu pendant les moissons quelques années auparavant. Le poêle fut en place rapidement et le premier souci de maman fut d'allumer un bon feu pour faire chauffer de l'eau et prendre un bon café. Papa fouilla dans un tiroir et en sortit une flasque d'alcool dont il prit une bonne rasade, non sans en avoir offert à notre jeune Clément qui refusa en affirmant qu'il ne buvait que du "vaigne". De prime abord, personne ne comprit ce qu'il voulait dire, si bien qu'il en sembla gêné.

- Ah, alors vous ne buvez que du vin en mangeant, lui dit naturellement maman qui avait tout de suite saisi le sens du mot qui nous faisait sourciller.

Le jeune homme sembla en être soulagé en disant un "évidemmagne" que tous comprirent! S'ensuivit un rire général qui se voulait d'une nette compréhension et d'un acquiescement total. Puis la conversation s'orienta sur la fabrication du vin, sur les fruits de la région. L'eau se mit à bouillir et la table fut mise pour le repas du soir. On se ferait ce soir-là un autre repas comme le matin avec des œufs, du lard grillé et du pain de ménage dont maman avait fait une grosse fournée la veille du départ.

Ainsi commençait la vie chez Jo Choumac, près de l'école Saint-Adélard. Pour chacun des huit enfants présents, de Suzanne à Léandre, le petit dernier, un nouveau livre s'ouvrait. Pour notre grande sœur Antoinette retournée au couvent de Lourdes depuis deux semaines, la maison paternelle s'étant rapprochée, ce serait aussi l'occasion de visites plus fréquentes. Dès le lendemain, papa prenait le chemin de Melville et, nous, le chemin de l'école.

L'ÉCOLE SAINT-ADÉLARD

Madame Desrosiers, notre nouvelle maîtresse nous accueillit très chaleureusement. Son mari était encore sur les lieux, lorsque nous sommes entrés à l'école environ une demi-heure avant le début de la classe. Le couple quadragénaire habitait une maison située dans le coin nord-ouest de la cour de l'école. Le petit cottage avait été construit en même temps que l'école pour assurer au maître ou à la maîtresse un lieu de résidence, plutôt que d'avoir à loger chez l'un ou l'autre des agriculteurs de la région. Tout de suite, nous nous sommes rendu compte que Monsieur Desrosiers était une sorte d'original qui avait l'allure d'un homme cultivé. Ses nombreuses dents en or donnaient à son sourire un éclat tout particulier et sa volubilité nous faisait croire que c'était lui qui aurait notre destinée d'écoliers en main. Sa femme eut le dernier mot en lui demandant d'aller vérifier l'état de la petite étable où les chevaux des élèves passaient la journée. Il prit résolument le chemin de l'écurie et maman put parler de choses sérieuses en présentant à Madame Desrosiers nos bulletins respectifs.

Marcien serait en septième. Quant à moi, un problème se posait. Il n'y avait actuellement aucun élève inscrit en quatrième et il aurait été embêtant, et pour la maîtresse, et pour l'élève, d'être le seul en quatrième année. Il fut donc décidé que je monterais en cinquième, puisque mes notes étaient vraiment très bonnes et que la maîtresse me croyait capable de faire une bonne année avec les efforts de rattrapage que je ferais au départ. J'aurais à passer les examens de français de l'"Association d'Éducation des Canadiens français du Manitoba", organisme fondé en 1916 pour permettre aux jeunes Manitobains de langue française d'apprendre clandestinement les rudiments de leur culture et de leur idiome dans une province qui leur niait ces droits fondamentaux. Mes deux petites sœurs Gertrude et Liliane, seraient respectivement en troisième et deuxième année.

À l'arrivée des autres élèves, maman prit congé de la maîtresse, la cloche sonna, et la présentation des petits Bergeron donna lieu à quelques moments d'amusement pour les uns et de crispation pour nous qui étions encore en avant de la classe faisant face à nos quelque treize ou quatorze nouveaux camarades. Marcien, surtout, détestait semblable situation. Il y alla d'une grimace qui en disait long sur sa hâte d'en finir. Sa bouche en cœur, ses sourcils en circonflexe et ses yeux vers le ciel firent éclater toute la classe. Madame Desrosiers, n'ayant pas été témoin du jeu de masque, en profita pour continuer sur le même ton de gaieté, en se demandant toutefois ce qui avait bien pu se passer. Elle devait bientôt l'apprendre de la bouche d'une élève qui pointa du doigt Marcien en disant :

- Il est drôle, lui, avec ses grimaces.

Et cela avec un fort accent méridional. Mais la maîtresse n'eut jamais trop à se plaindre des frasques de Marcien. Il devait d'ailleurs, quelques mois plus tard, quitter définitivement l'école pour s'adonner entièrement aux travaux de la ferme. C'était, à l'époque, le sort réservé le plus souvent à l'aîné des garçons. Je puis ajouter ici que, certains jours, je me pris à l'envier de cette clé des champs qui lui permettait d'aller à la chasse dans les bois environnants, d'aller au village faire les commissions, de faire l'école buissonnière en toute liberté. À chacun sa destinée!

ENFIN UNE AUTO

Le village de Lourdes était à cinq bons milles de distance. Papa nous avait dit, lors du déménagement, que nous serions peut-être bientôt en moyen de nous acheter une automobile; ce serait là une façon évidente d'améliorer notre sort. Nos chevaux de ferme étant plutôt de trait et trop lourds pour les randonnées sur la route, il fallait plus souvent qu'autrement dépendre des voisins pour nous rendre au village, sauf le dimanche matin, car rien n'aurait pu nous empêcher d'assister à la grand'messe.. Le projet fut cependant remis au printemps suivant. La plupart de nos voisins voyageaient en Chevrolet, Overland, Buick ou Plymouth, mais, le moment venu, nous, c'est en Essex que nous prenions fièrement la route de Lourdes et des environs.

Il va sans dire que nous connaissions déjà les bienfaits de l'auto grâce aux nombreuses randonnées que nous avions pu faire avec les cousins Pierrot et Tiennot Soulodre ou encore avec l'oncle Élie et la tante

L'auteur, en 1928.

La famille Bourrier, en 1900 (de gauche à droite et de bas en haut) : Alphonsine, Louise, Rosalie, Jean Bourrier, le grand-père maternel de Henri, Marie, sa grand-mère, Agnès, Jules, Hypolite, Pierre et Louis.

**La famille Bergeron (de gauche à droite) :
Josaphat, Georgina, Napoléon, le père de
l'auteur, Arthur, Octavien et Anna.**

La maison familiale à Saint-Lupicin, 1920. Henri y est né.

La maison louée de Jo Choumac, 1935.

Les parents de l'auteur, assis sur le siège arrière, et l'oncle Arthur Bergeron, à l'avant, avec celle qui allait devenir sa femme, Béatrice Philippon.

Rigodin! Le petit cheval et, sur son dos, les
enfants d'Arthur et de Napoléon Bergeron : Guy,
Normand Brousseau (un cousin), Rodolphe, Henri,
George et Marcien, en 1933.

L'école Saint-Adélard, en juin 1937; Suzanne,
Henri et Marcien parmi des fils et des filles des
familles Pantel, Magne, Dupasquier, Reithmire,
Lesage et Badiou.

Tô Zelume! La tante Berthe et sa fille Alphonsine, 1927.

**Pierre Bourrier, "mon oncle géant",
en 1920.**

La famille Bergeron, en 1936 (de gauche à droite) : Liliane, Marcien, Napoléon, Léandre, Joseph, Antoinette, Rosalie, Marie, Suzanne, Gertrude et Henri.

L'institutrice, Angèle Pantel,
en 1937.

Le père Picod, le seul curé qu'ait connu
Saint-Lupicin, en 1920.

À Lourdes en 1940, la mère de l'auteur et Mme
Badiou, la mère des Badiou dont parle Gabrielle
Roy dans *Ces enfants de ma vie.*

Il y avait beaucoup de monde les dimanches
après-midi, à l'école Saint-Adélard, lors des
parties de balle. À coup sûr, le héros était
Émilien Pantel, dont le lancer était implacable.

À la ferme de Choumac, sur un tracteur loué
de Lucien Vigier. L'auteur est à l'avant-plan.

Les battages, en août 1939 (de gauche à droite) :
Suzanne, Jean-Baptiste Pantel, Julia Clément,
Liliane et Jo Choumac.

L'auteur, à la guitare, en 1939.

Le grand frère Marcien prend la relève (de gauche à droite) : un des garçons Magne, Suzanne, Aimé Badiou, Marie-Ange Pantel, Marcien, Lucienne Badiou et Henri.

Germaine Muller, Henri, Solange Charrière et
Suzanne, en 1940.

Le premier voyage à Montréal, en août 1940. On
reconnaît Henri (au centre), Angèle Pantel (avec
les lunettes) et Suzanne (derrière l'enfant). Le
cousin Hermann Bergeron est le premier à
gauche.

Les Bergeron (de gauche à droite et de bas en haut) : Marie, Louise, Napoléon, Antoinette (Soeur Marie-Joseph), Rosalie, Lorette, Léandre, Joseph, Suzanne, Marcien, Liliane, Henri et Gertrude.

L'auteur à Lourdes, avant son entrée au Collège de Saint-Boniface.

Anna qui venaient nous montrer leur nouvelle voiture dès que les routes étaient ouvertes au printemps. Même que, parfois, il restait assez de neige sur la route pour que nous puissions attacher la berline d'hiver derrière l'auto et faire quelques milles en berlot avec des chevaux-vapeur! C'était l'occasion de voler littéralement en traîneau. L'oncle Élie nous procurait des moments de joie indicibles. Papa nous avait pourtant, un soir d'automne, quelques années auparavant, fait la surprise d'une voiture modèle "T" usagée, mais, puisqu'il devait repartir le lendemain pour Melville, la voiture resta sur place sans que personne ne pensât à vider l'eau du bloc-moteur. Résultat : le moteur fut fendu et la voiture reprit le chemin de Lourdes faisant deux humiliés : mon père et la vieille Ford que traînaient deux chevaux derrière une charrette de ferme! Papa avait dû remettre à plus tard ses rêves de conduire son auto.

L'Essex dans laquelle nous parvenions à monter presque tous à la fois avait l'allure d'une boîte rectangulaire, dont la partie supérieure était vitrée, avec à l'avant un petit prolongement où logeait le moteur. Le "couvre-radiateur" avait la forme du toit de la maison, surmonté d'une girouette avec deux ailes en vol. Cela nous permettait de reconnaître notre limousine à forte distance. Le moteur était minuscule et tournait à une vitesse folle dès le départ. Papa nous avait expliqué que c'était là une des caractéristiques de cette voiture anglaise : petit moteur qui tourne rapidement, équipé d'un système d'engrenage capable de tirer de lourdes charges, mais à des vitesses routières normales, d'où source d'économie d'essence. Pierrot qui possédait de solides connaissances en mécanique n'était pas d'accord avec cette théorie du génie britannique. Il prétendait qu'il y avait usure excessive et que les Anglais, en mécanique, étaient dans les patates! Il faut avouer que nous nous sentions beaucoup plus à l'aise dans son Overland qu'il avait, pour ainsi dire, toute reconstruite de ses propres mains. L'Essex devait me procurer cependant une grande source de joie, et, surtout, d'affirmation personnelle.

PROUESSE AU VOLANT

Ma grande sœur Antoinette avait décidé d'entrer au couvent pour de bon, c'est-à-dire, de devenir postulante chez les Chanoinesses Régulières des Cinq-Plaies, une communauté du Jura français invitée au Canada par le fondateur de la paroisse de Lourdes, Dom Benoît. La prise de voile ou d'habit aurait lieu au début de septembre, en pleine période de battages. Ce qui ne faisait l'affaire de personne, puisque ce serait en semaine, alors que tous les hommes sont aux champs. Papa étant à Melville, Marcien à faire la ronde des batteux, il ne restait plus que moi pour assurer le transport de maman, Suzanne, Joseph, Gertrude, Liliane et le petit Léandre au village. Mais voilà! Le boghei ayant subi une avarie en descendant la grande côte d'André Lesage, le seul moyen de transport existant était l'Essex. Aucun des voisins Pantel n'était disponible pour conduire le bolide. Maman dut donc se résoudre à faire appel à moi qui n'avais que douze ans pour prendre la route de Lourdes.

- T'en crois-tu capable? m'avait-elle demandé.

Je me sentis soudain grandir de dix pouces, et, d'un ton assuré, lui déclarai que j'étais certain de pouvoir les conduire au village sans difficulté, si seule Suzanne était à mes côtés sur la banquette avant, et à condition que les autres enfants se tiennent bien tranquilles.

Il me fallait premièrement réussir à lancer le

moteur. Je pris le sentier menant à l'Essex, derrière la grainerie, où Marcien et moi avions établi notre quartier d'été. Je repassais dans ma tête chaque étape de la mise en marche et de l'embrayage. Installé au volant, je fis une dernière répétition, en accompagnant chacun de mes mouvements du bruit de bouche approprié, comme je le faisais si souvent sur mon tas de terre derrière l'étable avec mes jouets fabriqués. Cette fois, ce n'était plus du jeu. C'était une vraie voiture, avec de vrais passagers dont j'avais l'entière responsabilité. Le sang me montait à la tête; je sentais mon cœur battre à faire éclater mes oreilles. Je mis le contact, appuyai à plusieurs reprises sur l'accélérateur, m'assurai encore une fois que l'embrayage était au neutre, sans quoi je pourrais me faire écrabouiller contre un arbre par la voiture, si toutefois elle devait partir au premier tour de manivelle! Je souhaitais précisément qu'elle parte au premier tour, mais sans m'écrabouiller, comme c'était à l'époque souvent le cas pour les imprudents qui, par mégarde, avaient laissé l'embrayage en vitesse. Me voilà devant la voiture. Un premier tour de manivelle me rassure, l'embrayage est bien au neutre et il y a eu réaction de l'allumage. Second tour et ça tourne. Je n'en crois pas mes yeux, ni mes oreilles. Quelle merveille! Je suis fier comme Artaban. D'un geste très viril, je monte dans le bolide que je sais maintenant à ma merci. Je laisse rouler un peu, puis j'enlève graduellement le "choke" et presse légèrement sur l'accélérateur. Le moteur ronronne parfaitement. Je puis maintenant mettre la voiture en marche. Première vitesse, en bas à gauche! Je tire lentement mon pied de la pédale d'embrayage. J'avance entre les arbres sans difficulté. Tout va bien! Arrivé dans la cour près de l'étable je passe en deuxième. Parfait! Je stoppe fièrement devant la maison. Je mets au neutre. Je ferme le contact. Le temps de mettre quelques vêtements plus appropriés à la prise d'habit de ma grande sœur, je suis de retour au volant, Suzanne à mes côtés en moins de deux! Maman et les petits ont pris place à l'arrière. Il est deux heures; la cérémonie étant à trois heures et demie, nous avons tout le temps voulu, quoiqu'il arrive. Sans permis, sans assurances, et avec un chauffeur qui n'avait que douze ans, l'idée nous vint tout naturellement qu'il ne faudrait pas faire la rencontre d'un agent de la Gendarmerie Royale du Canada, pour nous, la RCMP! Nous n'en avions jamais vu un seul dans les parages. Pourquoi seraient-ils sur la route précisément aujourd'hui, à l'occasion de la prise d'habit de la future religieuse? Maman devait avoir son chapelet en main. Après la récitation des trois "Je vous salue..." réglementaires et des trois invocations à saint Christophe, elle ne dit plus mot, laissant à son chauffeur et son assistante le loisir de communiquer en toute tranquillité. Devant la ferme de Cyprien Lesage, Suzanne me signala que nous avions un bon mille de franchi. Il fallait bientôt tourner à gauche et, un mille plus loin, monter la grande côte de Pierre Lesage. Tout s'annonçait pour le mieux. Mais voilà qu'une nuée de poussière juste derrière la maison des Lesage nous avertit qu'une voiture ou un camion venait dans notre direction. Le voilà au haut de la colline! C'est un camion. Je le reconnais. C'est Florent Pantel qui revient à toute vapeur du silo de Lourdes pour se rendre à la section neuf chercher un autre chargement de blé, précisément là où est rendu Marcien. Il nous aperçoit au bord de la route au bas de la pente. Il s'arrête et s'assure que tout va bien. Je lui demande d'attendre que nous soyons là-haut avant de repartir. Il descend de sa cabine et nous regarde gravir la colline. L'Essex gronde et grogne en première durant toute la montée et nous respirons d'aise lorsque je peux passer en deuxième. Suzanne lance une main victorieuse en direction de Florent tout en bas. Le village est en vue. Il n'y a donc plus rien à craindre. Le village m'apparaît sous un jour nouveau. La grande rue est déserte; je peux donc foncer directement vers le couvent. Il est à peine deux heures trente. Mes passagers descendent et me laissent seul dans la voiture. J'en profite pour aller faire demi-tour dans le bas village, dans l'entrée des Chamartin. Je remets en route et me mets au bec une cigarette que Marcien m'avait refilée quelques jours plus tôt pour quelque service rendu. C'est ainsi que je fête l'événement, en me félicitant d'avoir maintenant enfin atteint la stature d'un homme. Je ne sens même plus, sous ma petite personne, l'immense coussin qui me permet d'être à la hauteur de la situation. Imbu que j'étais de cette confiance qui nous fait réaliser des merveilles, le chemin du retour fut une rigolade. Mais, c'est avec beaucoup de précaution que maman avoua à mon père notre escapade. Papa n'eut qu'une remarque :

- Bon. Tout s'est bien passé; n'en parlons plus. Mais recommencez pas ça!

Nous avions compris, mais c'était pour une si bonne cause!

Quant à la prise d'habit d'Antoinette, je me rappelle qu'effectivement elle avait revêtu le costume de postulante et que, dorénavant, nous l'appellerions Sœur Marie-Joseph. Pour elle cette journée était capitale, mais, moi aussi, j'y avais trouvé mon intérêt. J'étais maintenant mûr pour de grandes aventures.

LES CAMARADES

L'année scolaire à Saint-Adélard se déroula sans problème. Dès la rentrée, la maîtresse m'avait fait prendre place auprès de ma seule camarade de cinquième année, les deux autres étant les frères Magne, Alban et Pierre. Andrée Monchamp était une rieuse jeune fille d'une très grande gentillesse à qui je dois beaucoup, puisque, sans elle, je me demande si j'aurais pu sauter ma quatrième année avec autant de facilité. Studieuse et appliquée, elle me passait volontiers ses notes pour que je puisse mieux comprendre mes matières, surtout dans le domaine des mathématiques, car la quatrième année en marquait le début, en quelque sorte.

Alban était un camarade très intelligent, mais un peu bizarre parfois. Il avait le don de faire des remarques désopilantes. Son accent français presque méridional lui donnait des allures clownesques qui faisaient s'esclaffer la classe entière aux moments les moins opportuns. Pierre était plus réservé et calculateur. Très jeune, il avait été victime de la ruade d'un jeune cheval alors qu'il circulait dans l'allée de l'écurie dans la ferme de ses parents. Son père l'avait rapidement transporté à la maison, le croyant déjà mort. Il avait l'arrière du crâne défoncé et tout laissait croire qu'il ne survivrait pas à une telle commotion. L'hôpital de Carman l'accueillit à l'urgence quelques heures plus tard et, vu son jeune âge, les médecins purent rassurer les parents quant à sa survie, quoiqu'hésitant à se prononcer sur l'usage de ses facultés. Heureusement, six ans plus tard, rien ne paraissait du terrible accident.

PAPA NOËL

À l'occasion de Noël, notre maîtresse, madame Desrosiers organisait une fête au cours de laquelle le Père Noël faisait une brève apparition pour distribuer des cadeaux aux enfants. Ce serait notre premier "Christmas Tree", car, si nous voulions profiter des quelques dollars de subvention du "School Board", c'est ainsi que nous devions nommer cette fête et nous devions aussi nous assurer que le Père Noël puisse parler anglais. Ironie du sort, notre école ne comptait qu'un seul petit anglais, Clarence Hearst, qui était, de plus, protestant! On aurait pu s'imaginer qu'il avait été parachuté dans notre milieu entièrement français et catholique, dans le but très précis de nous surveiller et de voir à ce que l'anglais soit omniprésent en classe, et même jusque dans la cour de récréation. Pourtant, il n'en était rien. Je dois avouer que la consigne de parler anglais en tout temps à l'école n'était pas très bien respectée. Mais, dès le départ d'Ian à trois heures trente, toute la classe devenait complètement française. Car nous avions droit à une demi-heure de catéchisme en français. La demi-heure s'étirait, la plupart du temps, jusqu'à quatre heures et demie et se transformait en leçons d'histoire du Canada, en géographie, en dictée française, tout cela afin de nous permettre de préparer l'examen de français de l'Association d'Éducation.

Le soir du 21 décembre, la fête commença à huit heures précises. Tout au début, madame Desrosiers prit la parole pour nous souhaiter la bienvenue dans les deux langues. Puis, il y eut un sketch par les tout-petits, dont le thème était la Nativité. Nous, les grands des années cinq, six et sept, devions chanter deux chants de Noël, l'un en français et l'autre en anglais. Le clou de la soirée serait, cette année, une scène comique jouée par des anciens de Saint-Adélard, les fils de Jean-Baptiste Pantel, Germain, Henri, Victor et Émilien qui fréquentait encore partiellement l'école. Ils eurent un succès monstre. Henri, entre autres, y jouait le rôle d'une vieille commère qui faisait se tordre de rire toute l'assistance. Enfin arriva le moment tant attendu : l'entrée du Père Noël ou de Santa Claus. Oh, Oh, Oh! Dès que j'entendis ces salutations traditionnelles, je crus reconnaître une voix familière. Je sentis comme une sorte d'étreinte; il ne fallait surtout pas que je me trahisse.

- Si on ne croit pas au Père Noël, m'avait dit Marcien, on n'a pas le droit de recevoir de cadeaux.

C'était bien la voix de mon père que j'entendais sous la barbe du bonhomme et mon cœur battait de plus en plus fort à chaque proclamation d'un nom d'élève, suivie de la distribution d'un sac ou d'un paquet placé sous l'arbre tout décoré. Ce serait bientôt mon tour. Je serais le premier de ma classe grâce à la lettre B de mon nom de famille.

- Henri Ber... Berge... tiens! Henri Bergeron.

Le Père Noël avait hésité. Je réagis vivement comme pour le sortir d'embarras et je lançai très fort et avec enthousiasme :

- Ici papa!

La salle entière éclata d'un rire si puissant que je me sentis pour ainsi dire cloué sur place, incapable de me rendre auprès de l'impressionnant personnage qui me tendait mon cadeau en me disant :

- Oui, oui, viens le chercher!

Le sang m'était monté au visage et j'avais l'impression d'avoir commis une gaffe impardonnable, que je n'avais pas droit à mon cadeau et que je ferais mieux de disparaître de la planète à tout jamais. Comment oserai-je encore avouer que je crois au Père Noël après pareille frasque? Je ne pourrais absolument pas dire en quoi consistait mon cadeau tant cela ne me paraissait de peu d'importance. J'avais commis un impair qui m'avait rendu ridicule aux yeux de tous. Je me rendis très vite à la maison et montai à l'étage pour m'apitoyer sur mon triste sort, allongé sur mon lit ou plutôt notre lit, à Marcien et moi. Une longue boîte y était disposée. Que pouvait-elle contenir? Je l'entrouvris et y aperçus ce qui me semblait le costume du Père Noël. Je refermai la boîte aussitôt, mais me rendis compte que maman, qui entrait dans la chambre à ce moment précis, m'avait surpris en flagrant délit. Elle me dit :

- As-tu reconnu le Père Noël?

Comment répondre à pareille question? À dix ans, il est normal de croire encore au Père Noël. Ma réponse fut aussi évasive que ma fuite rapide dans l'escalier. J'enfilai ma tuque et mon blouson et prit un fanal et le sentier de la "bécosse" où je pourrais à volonté clamer mon amertume d'avoir trahi ma prime enfance.

LES TRAVAUX ET LES JEUX

Sauf en classe, Papino était toujours à mes côtés. Plus souvent qu'autrement, il m'attendait près de la porte de l'école, à moins que le gros chien des Pantel ne soit à rôder dans les environs. L'été, nous partions à la chasse aux gophers ou tout simplement faire des randonnées à travers le bois jusqu'à la clairière près de la terre des voisins où maman m'envoyait cueillir des poirettes, sorte de petites baies bleuâtres dont le véritable nom est "saskatoons". On en faisait une confiture, en leur ajoutant parfois de la rhubarbe et du sucre. On pouvait aussi les manger simplement avec de la bonne crème fraîche et du sucre. Durant l'été, les poirettes mettaient fin à presque tous les repas; ce qui avait fait dire à Marcien :

- Le matin on mange des poirettes, le midi des poirettes et de la rhubarbe et le soir, de la rhubarbe et des poirettes.

Certains jours, lorsque j'eus atteint mes dix ou onze ans, papa me confiait l'attelage de quatre chevaux pour herser le guéret d'été. J'aimais bien ce travail qui consistait à bien guider les grosses bêtes de trait tout juste en ligne avec la partie hersée pour qu'il n'y ait pas de ratée, mais sans trop empiéter toutefois sur les lisières déjà hersées. Il fallait parfois soulever légèrement l'un ou l'autre des cinq panneaux de la herse pour permettre aux mauvaises herbes de se dégager. Ce manège était particulièrement difficile, puisqu'il fallait le faire en marchant. J'avais chaque fois l'impression que je n'y arriverais pas, mais un simple petit coup rapide suffisait à déplacer légèrement, puis complètement, la touffe captive. Le plus difficile était encore de marcher au pas des chevaux dans un nuage de poussière qui se déplaçait selon les caprices du vent. Après quelques heures de ces marches d'un demi-mille pour chaque largeur de vingt-cinq pieds de sol hersé, je revenais à la maison noir comme un charbonnier, assoiffé et mort de fatigue, souhaitant que papa soit revenu du village ou que Marcien puisse prendre la relève.

De plus en plus, mon petit frère Léandre se mêlait à mes jeux, tant sur le tas de terre où circulaient mes nombreux véhicules et machines de toutes sortes, que dans mes randonnées avec Papino. Il aimait particulièrement se promener sur mon dos en se tenant à mon cou, jusqu'au jour où j'eus l'occasion de posséder une bicyclette, une bécane à dire vrai, qui n'avait que l'essentiel : un cadre, deux roues, un guidon et une chaîne qui déraillait souvent. Pour freiner, je devais me laisser traîner les pieds sur la route. Par une belle journée d'été, je fis le projet de me rendre le lendemain jusqu'à notre ancienne ferme, avec Léandre sur le cadre. Maman accepta que nous fassions pareil exploit à condition que nous allions coucher chez tante Agnès, qui nous logerait avec plaisir. Elle avait bien dû nous confier un petit paquet à lui livrer. Je me fabriquai une sorte de porte-bagages, fis une selle de fortune pour mon petit frère sur le cadre du vélo. Nous voilà donc en route pour Saint-Lupicin. Il faisait un soleil de plomb dès les dix heures du matin. La chaîne déraillait à tout bout de champ, mais je parvenais toujours à la remettre en place. À la hauteur de chez Simon Badiou, tout juste avant d'arriver à Cardinal, je décidai d'aller voir Aimé, qui sans être un camarade de classe était, avec sa sœur Lucienne, de toutes les fêtes et veillées des environs. Notre réserve d'eau étant épuisée, Aimé s'empressa de remplir mon flacon, en quelques coups de pompe, d'une bonne eau froide et rafraîchissante.

Heureusement, la majeure partie de la route était sur terrain plat, sauf dans les environs de notre ancienne ferme. Celle-ci était désolée. Plus rien n'y bougeait. Les fenêtres de la maison avaient été brisées, sans doute par des voyous de passage qui n'avaient pu résister à la tentation d'y lancer des cailloux pour le simple plaisir de mal faire. J'en eus le cœur brisé et fis part à Léandre de ma tristesse de voir dans cet état lamentable un lieu où nos souvenirs étaient si abondants. Papino gambadait de-ci, de-là, tout heureux de retrouver ces lieux si familiers. Puis, il se mit à aboyer furieusement derrière la grainerie près de la maison. Un blaireau y avait élu domicile. Fou de rage de voir ainsi son ancienne niche envahie, Papino bondissait dans tous les sens, nous implorant de l'aider à déloger l'intrus. Je me penchai au ras de sol et aperçus en effet le solide animal qui n'avait aucunement l'intention de se laisser intimider par qui que ce soit. C'est nous maintenant qui étions les intrus. Il ne fut pas facile de convaincre Papino que ses efforts étaient inutiles, et ce n'est que lorsque nous étions rendus au pont du deuxième ruisseau que le chien comprit qu'il valait mieux abandonner la partie.

De la hauteur de la grande colline, un dernier regard s'imposait avant d'entreprendre la descente de l'autre versant pour nous rendre chez les Soulodre. C'est peut-être là que je ressentis, pour la première fois de ma courte existence, une nostalgie aussi profonde. Le "tempus fugit" dont j'avais lu ou saisi la signification dans les Almanachs de l'oncle Étienne me semblait très présent dans ce paysage pourtant tout ensoleillé. La vie y était encore : le ciel était encore sillonné par des corneilles, des merles et des moineaux. Les gophers faisaient toujours entendre leurs petits cris stridents en battant la terre de leur queue minuscule.

Au loin, l'oncle Arthur cultivait son champ et les Rousset hersaient leur guéret dans un nuage de poussière. La vie continuait, mais ce n'était plus la nôtre. Ce décor ne nous appartenait plus; nous n'étions plus de cette région. Je m'en rendais compte pour la première fois. Le déracinement était donc possible. Je me disais que, malgré tout, ce coin de pays serait toujours le mien, le lieu de ma naissance, de mes débuts dans la vie. Il m'avait marqué et je ne pourrais jamais l'oublier. Pour le chemin du retour, je prendrais une autre route car j'avais trop mal. Je découvrais que j'avais déjà un passé.

Dans les conversations qui alimentaient nos veillées, après une bonne partie de Cinq-Cents, le thème qui revenait le plus souvent sur le tapis, c'était la dépression. On y parlait beaucoup des Américains qui crevaient littéralement de faim parce que le travail manquait. Les usines fermaient les unes après les autres; l'économie ne fonctionnait pas. C'était, au dire de certains, pire qu'au Canada où, malgré tout, les gens, majoritairement campagnards, parvenaient à se tirer mieux d'affaire.

Le fait est que nous, par exemple, aurions eu de la difficulté à définir ce qu'était la pauvreté. Nous mangions nos trois repas par jour, les produits de la ferme ne faisant que rarement défaut. Le potager assurait notre subsistance en légumes l'été et ses bienfaits se prolongeaient même une bonne partie de l'hiver, grâce aux conserves et aux autres moyens de conservation, tels le carré de sable pour les carottes et le caveau pour les pommes de terre, disposés dans le sous-sol de la maison : un trou dans la terre, sans plus, auquel nous donnait accès une simple trappe dans le plancher du salon. Les grands froids de l'hiver nous assuraient la congélation nécessaire des viandes et, au cours de la belle saison, le puits nous servait de réfrigérateur. Les produits laitiers y étaient suspendus dans des contenants ou déposés sur des tablettes aménagées en sa partie supérieure. Mais gare à celui ou à celle qui, par mégarde, laisserait tomber un bidon de crème ou de lait au fond du puits! J'ai en mémoire un de ces tristes jours où cela se produisit.

Depuis plusieurs semaines toute la petite population du quartier Saint-Adélard se préparait au fameux pique-nique annuel où notre équipe de balle molle devait rencontrer une équipe du village de Lourdes. Tous les soirs, après leur journée dans les champs, les solides gaillards des fermes environnantes se donnaient rendez-vous pour s'exercer sous la direction d'Émilien Pantel qui, malgré son jeune âge, avait développé une façon bien à lui de tirer la balle. Les joueurs de toutes les équipes éprouvaient beaucoup de difficulté à frapper, tant son tir était rapide et faisait décrire à la balle une courbe à son arrivée à la hauteur du marbre. L'épreuve de son lancer avait fait de ses propres coéquipiers des frappeurs redoutables. Il les soumettait donc chaque soir au défi de frapper ses bolides. Lui-même en tirait un profit considérable et améliorait ses performances de jour en jour. Papa avait accordé son concours à l'organisation de l'événement et s'attendait à une assistance record. La cour de l'école aurait peine à contenir l'assistance; il fallait même prévoir de stationner les autos et les bogheis sur notre terrain et chez les voisins Pantel. Des estrades de fortune étaient prévues de chaque côté du marbre et un comptoir serait érigé dans l'échancrure formé par le tambour de l'école pour la distribution et la vente de la crème glacée. Ayant participé à tous ces préparatifs, Marcien et moi comptions bien assister à la fête. Même si nous n'étions pas parmi les joueurs d'élite, nous avions participé aux exercices et aurions pu, à l'occasion, être mis à contribution. Puis, déjà, assister au match était d'une importance capitale. Le sort en décida autrement. Par je ne sais trop quelle maladresse, la veille de la fête, un bidon de crème était tombé au fond du puits. Papa devait en faire la triste constatation le lendemain matin. J'avais été le dernier à aller y déposer la crème de la traite de la veille, puisque c'est moi qui avait fait tourner le séparateur Delaval. Pourtant, tout semblait s'être déroulé comme d'habitude et rien ne me laissait croire que le bidon pouvait avoir fait cette chute. Je me souvins tout à coup que maman avait demandé à Marcien d'aller au puits chercher du beurre pour le souper. C'était donc peut-être Marcien le responsable! De toute façon le bidon de crème était bel et bien tombé au fond du puits et avait blanchi l'eau en ce beau dimanche ensoleillé du pique-nique de Saint-Adélard. Devant notre père et juge, nous devions répondre de cet accident par noir ou blanc. Vu que l'un de nous deux était responsable du méfait, sans en être certain, papa décida que nous l'étions tous les deux et que nous aurions à pomper toute l'eau du puits jusqu'à ce qu'il soit à sec. Nous devions nous engager à pomper, sans cesse, pendant au moins huit ou neuf heures. Adieu la partie de balle molle! Marcien bondissait de rage et aurait voulu m'écrabouiller à la perspective de passer sa journée à pomper. Mais devant le tribunal de papa, il n'y avait pas d'équivoque : c'était noir ou c'était blanc! Dans ce cas-ci, les deux accusés porteraient le poids de la faute et du châtiment. Il n'était pas pensable de laisser l'eau du puits dans cet état, ne serait-ce que quelques heures. Déjà le matin même, certains animaux avaient refusé de boire. Quelle catastrophe!

- Allez, les gars relayez-vous à la pompe! Et je veux de l'eau claire, vous me comprenez?

Nous voilà tous les deux à la pompe; ce sera notre messe du dimanche et notre pique-nique! Pendant les deux ou trois premières heures, nous n'avions même pas à nous préoccuper de savoir si l'eau baissait dans le puits. Sa couleur était encore nettement celle du lait. Fin juin, les sources souterraines sont des plus vives et maintiennent l'eau très élevée dans le puits. Cela était loin de nous encourager, mais chaque coup de pompe nous rapprochait du but. À son retour de la messe, papa vint nous prêter main forte et nous permettre de casser la croûte. Une demi-heure plus tard nous nous remettions à la tâche.

Les pique-niqueurs commencèrent à arriver dans la cour de l'école. Les autos et les bogheis s'alignaient de plus en plus nombreux presque jusque dans notre cour. Une activité fébrile s'emparait de ces lieux habituellement si calmes. Nous ne cessions pas un instant de pomper, espérant toujours voir enfin le fond du puits ou voir l'eau subitement devenir claire et limpide. L'auge débordait et un petit ruisseau s'était formé en direction du bosquet près du poulailler. Les poules semblaient grandement apprécier ce liquide laiteux dont elles s'abreuvaient à tout moment. Le match de balle molle comptait déjà plusieurs manches, trois ou quatre. Un coup d'œil vers le fond du puits nous permit de reprendre courage. L'eau avait baissé tout juste au niveau du dernier cerceau de métal retenant les planches autour de la cavité d'un diamètre d'environ cinq pieds. De plus, l'eau devenait de plus en plus limpide. On pourrait bientôt apercevoir les cailloux tout au fond.

- Encore une demi-heure et nous aurons fini, lança le grand frère en se remettant à l'œuvre.

Au loin les acclamations et les applaudissements fusaient à tout moment. Le match semblait chaudement contesté. Puis, la pompe commença à avoir des ratées. L'eau ne montait plus. Nous avions gagné la partie, en même temps que se terminait le match. En moins de quelques secondes, nous étions parmi les spectateurs, applaudissant les vainqueurs, notre lanceur Émilien Pantel et son équipe. Notre victoire à nous fut de voir les chevaux et les vaches, à leur retour du pâturage, vider l'auge et réclamer encore de l'eau à l'heure du train. Et, cette fois, papa constata que l'eau était redevenue claire et limpide.

UN AMOUR DE MAÎTRESSE

Nous apprenions au mois d'avril suivant que Madame Desrosiers ne renouvellerait pas son contrat à Saint-Adélard. Monsieur son mari semblait éprouver un très grand désir de retourner au Québec. Le pauvre homme devenait de plus en plus désabusé. Lui, qui avait eu une formation d'enseignant, avait dû, selon les dires du milieu, quitter un poste très important à la suite d'une dépression. Ce mot que nous entendions pour la première fois nous laissait comprendre qu'il avait perdu la boule un certain temps, mais qu'il l'avait retrouvée un peu plus tard! Cela lui avait causé un tort immense; sa vie entière en avait été gâchée.

Monsieur Desrosiers était connu comme un homme distrait. On racontait à son sujet toutes sortes d'histoires, les unes plus drôles que les autres. Une fois, entre autres, selon une des ricaneuses filles Pantel, lors d'une visite au domicile de ses parents, Monsieur Desrosiers était parti avec le bouton de la porte. Comme c'était son habitude, après avoir salué les gens de la maison en arrivant, il prenait place sur la chaise qu'on lui offrait près de la table de la cuisine. Puis, il entamait un sujet de conversation l'amenant toujours à parler du Québec dont il devait s'ennuyer profondément. Ses interlocuteurs n'avaient que peu d'occasions de placer un mot. Soudain, il regardait sa montre qu'il tirait soigneusement de la poche de son gilet, toujours en continuant à parler, la replongeait dans sa poche, pour reprendre le manège quelques instants plus tard. Au son des onze ou douze coups que sonnait la grande horloge du salon, il ressortait sa montre, et cette fois, regardait l'heure en disant:

- Ah, votre horloge a de l'avance.

Se levant, il se rendait à la porte et continuait

encore à parler de tout et de rien, tout en tenant le bouton, sans toutefois ouvrir. Un jour le bouton de la porte lui était resté dans la main! Il en avait bien rigolé avec Jeanne et ses parents. Mais, tout en continuant à jouer distraitement avec le bouton, la porte étant ouverte, il se rend compte qu'il est en retard et disparaît comme un écolier en entendant le premier coup annonçant midi. Ce fut la rigolade dans toute la famille Pantel et l'incident fit le tour de Saint-Adélard. Cet après-midi là, Monsieur Desrosiers revint, tout penaud, rapporter le bouton avec un chapelet d'excuses qui faillit, encore une fois, lui faire oublier le pourquoi de sa démarche. Privat Pantel fit la réparation de la poignée en présence du voisin repentant qui ne refusa pas de trinquer au vin de pissenlit pour clore le drôle d'incident.

Tous les élèves, ainsi que les parents étaient peinés de voir partir Madame Desrosiers et son mari auxquels ils s'étaient attachés depuis trois ans. Mais, quelle ne fut pas leur joie d'apprendre que l'une des postulantes au poste d'institutrice à Saint-Adélard était Angèle Pantel, une superbe jeune fille âgée de vingt ans qui venait d'obtenir son diplôme de la Manitoba Normal School! L'Association d'Éducation des Canadiens Français du Manitoba en était enchantée. Il ne manquait plus que l'assentiment du School Board local. Une pétition avait été signée par tous les parents du quartier scolaire et la bonne nouvelle de la nomination d'Angèle Pantel à Saint-Adélard nous arriva en pleine canicule. Ses parents, Privat Pantel et sa femme Yvonne, en profitèrent pour organiser un pique-nique qui se déroulerait en partie chez eux et en partie sur le terrain de l'école. Chacune des familles invitées apporterait une collation, le vin de pissenlit serait à l'honneur, on jouerait aux fers, au Cinq-Cents et à la balle molle. La nouvelle institutrice serait l'héroïne de la fête. Malheureusement, celle-ci ne fit qu'une brève apparition vers la fin de la réjouissance, la voiture qui devait l'emmener de la ville étant tombée en panne aux environs de Saint-Claude. Tous l'accueillirent telle une reine!

Quelques semaines plus tard, elle sonnait la cloche qui nous ramenait à l'intérieur de la petite école où je figurais maintenant parmi les grands de la septième. La nouvelle maîtresse était pour moi la plus belle de toutes les femmes que j'avais eu l'occasion de voir! De plus, ses gestes élégants, ses mains de fée et son langage agréable, sans accent particulier, m'ensorcelaient en quelque sorte. Pour la première fois de ma vie, j'éprouvais ce sentiment que j'avais peine à définir, mais qui correspondait à ce qu'on disait de l'amour. Je me suis vite rendu compte que je n'étais pas le seul à ressentir pareille attirance pour elle car mon ami Pierre Magne aussi me disait en être sérieusement épris. Quand elle se penchait pour surveiller nos travaux, un subtil parfum, de je ne savais trop quelle fragrance, nous chatouillait les narines et sa main, aux ongles impeccables, d'un rouge brillant, nous indiquait l'erreur à éviter, le mot à souligner; puis, elle nous caressait la nuque ou l'épaule. C'était un amour de maîtresse! Inutile de dire que ce fut une dernière année à Saint-Adélard pleine de ravissement, car Angèle se mêlait aussi à nos jeux et participait à nos soirées et réjouissances du temps des Fêtes.

Je me rappelle plus particulièrement nos randonnées en patins sur les grands étangs gelés au bout de notre terre, sur la terre des Dupasquier. Nous nous y rendions avec nos traîneaux tirés par nos chiens. Marcien avait fait l'acquisition d'un gros chien du nom de Rover qui parvenait à le tirer sans trop de difficulté.

Quant à moi, Papino était toujours heureux de me voir lui enfiler le collier que je lui avais fabriqué avec des branches de saules. Je les avais recourbées en cercle et soigneusement entourées de tissu. De chaque côté, j'avais attaché une lanière de cuir servant de trait. Une sangle se bouclait sous le ventre et Papino pouvait allègrement tirer le traîneau retenu aux traits par deux solides mousquetons. C'est donc aux aboiements de Rover et de Papino et aux cris joyeux de la douzaine d'enfants réunis autour de notre maîtresse et de quelques grandes filles des familles environnantes, que nous gambadions à travers les étangs gelés du grand marécage des Dupasquier. Autant ces lieux pouvaient nous sembler lugubres l'été par ses lises et ses surfaces spongieuses, autant ils nous semblaient invitants aux jeux, l'hiver venu.

Dès notre arrivée chez Choumac, nous avions assisté, à cet endroit, à l'enlisement d'une pouliche qui s'était trop aventurée dans le marécage en quête d'eau fraîche. Par une chaude soirée estivale, Zoël Dupasquier était accouru chez nous pour demander de l'aide. Une de leurs bêtes était prise dans les sables mouvants. Des dizaines de voisins s'étaient rendus sur les lieux de l'accident. Déjà une jument recouverte de boue venait d'être retirée du terrain spongieux sans trop de difficulté. La pauvre bête hennissait sans arrêt en regardant en direction d'un groupe d'hommes qui s'affairaient à tirer sur des cordages auxquels étaient attachés de vieux pneus et des courroies de machines de ferme. Les plus jeunes étaient priés de demeurer à distance, mais tous apprirent que la victime du drame était la pouliche de la jument qui, par ses hennissements incessants, avait attiré les sauveteurs sur les lieux du sinistre. Deux attelages de gros chevaux de trait piétinaient sur le sol ferme et n'attendaient qu'un signal pour passer à l'action. Le jeune cheval imprudent n'en avait plus pour bien longtemps. À chacun de ses mouvements, ses membres s'enfonçaient de plus en plus dans la vase du marais. Des madriers et des planches avaient permis à deux sauveteurs de s'approcher de la malheureuse jeune bête. Ils tentaient tous deux de la calmer en l'appelant par son nom.

- Jessie, woo, Jessie, bouge pas Jessie!

L'un d'eux parvint à lui passer une corde autour du cou, la seule partie où il y avait possibilité d'emprise. La bonne nouvelle fut relayée jusqu'à nous, demeurés près de la clôture de notre ferme. Une demi-heure plus tard, rien ne semblait s'être passé. L'inquiétude était grande; la pauvre pouliche disparaîtrait donc dans la boue du marécage? On entendit des soupirs, des sanglots. C'était la mort qui passait. Même la mère de la victime avait cessé ses hennissements. Avait-elle abandonné la partie? Son silence nous pesait lourdement. Sa robe avait séché et reprenait sa couleur rougeâtre. Mais le soleil avait maintenant disparu et la nuit commençait à tomber. La pouliche épuisée avait cessé ses mouvements et les deux hommes étaient à ses côtés sur de larges planches qui les soutenaient en surface. L'un d'eux parvint à lui glisser une corde autour de la queue et l'autre tentait de lui ceinturer une des pattes avant, en enfonçant sa main, l'avant-bras et le coude dans la vase. Grâce à ces trois prises on pourrait sans doute faire intervenir un des attelages de trait sans trop blesser l'animal. Tout à coup, le long cable se raidit. Le commandement venait d'être donné. Les deux gros chevaux avançaient lentement. Puis, on les vit se raidir et se cramponner au sol en projetant leurs corps vers l'avant. Une clameur se fit entendre. La pouliche qui respirait lourdement, tout ·

en semblant s'être abandonnée aux mains de ses sauveteurs, s'était laissée traîner hors de sa prison, mais avait bondi vigoureusement sous l'étreinte des cables qui l'emportaient. Elle était maintenant sur la terre ferme et faisait des efforts pour se lever. On la détacha rapidement et un licou remplaça la corde qui ne l'avait que légèrement blessée sous une mâchoire. La petite Jessie pourrait donc vivre et continuer à brouter l'herbe du vaste pâturage! Cependant, une clôture serait érigée dès le lendemain, pour éviter que ne se reproduise pareille mésaventure.

Ce marais était aussi, pendant l'hiver, le lieu de chasse de mon grand frère. Il y faisait son trappage de belettes et de visons. Il rapportait parfois un "jack rabbit", grand lièvre propre à la vaste plaine de l'Ouest canadien. Les soirs de belle lune nous passions deux bonnes heures à nous ébrouer en tous sens sur la glace des grands étangs entre lesquels poussaient des saules en abondance, mais qui n'atteignaient qu'une douzaine de pieds de hauteur. Nos patins enlevés, les lieux devenaient propices au jeu de cache-cache. Puis, l'un des plus petits, presque infailliblement, déclarait forfait devant le froid nocturne, et nous devions prendre la route de la maison en nous promettant de revenir dès la prochaine occasion. J'en profitais pour marcher auprès d'Angèle qui me demandait de sa belle voix cajolante :

- Tu n'as pas froid, au moins?

J'ai bien dû parfois lui répondre un "oui" frissonnant, pour qu'elle me prenne les mains dans les siennes, mais j'avoue ne pas m'en souvenir très exactement. À l'âge de douze ans, l'amour est aveugle, peut-être sans mémoire et surtout sans lendemain.

LES SAUTERELLES

Les années trente furent particulièrement difficiles pour les agriculteurs de l'Ouest canadien. La sécheresse, les sauterelles, la moutarde, tous les fléaux s'abattaient sur eux et les paralysaient dans tous leurs projets d'avenir.

Pourtant, en 1936, mon père croyait pouvoir se remettre d'aplomb, comme il disait. La récolte s'annonçait bonne et les prix de l'orge et du blé n'avaient jamais été si élevés. Il admirait son grand champ de quatre-vingts acres chargés de beaux épis longs et lourds de froment. Déjà il se voyait entrer au magasin de la mère Bazin en lui disant :

- Aujourd'hui, je viens tout vous régler!

Elle sortirait son grand livre de comptes, prendrait son crayon qu'elle porterait à sa bouche, comme elle le faisait toujours machinalement, elle descendrait la longue colonne de chiffres, additionnerait le tout, et lui dirait :

- Ça fait quatre-vingt-douze dollars et quarante-huit sous.

Mon père lui dirait :

- En voilà cent! Payez-vous!

Mais, en revenant de la messe ce dimanche de rêve, papa devait voir la guigne s'acharner sur lui plus que jamais. Un vent d'ouest faisait onduler les immenses champs de blé, d'orge et d'avoine. L'oncle Étienne nous avait dit que cela lui faisait penser à la mer qu'il avait traversée à plusieurs reprises sur d'immenses paquebots dont j'avais eu l'occasion de voir des photos chez le barbier du village. Depuis le haut de la butte à Lesage, je m'imaginais, par moments, voir le célèbre Titanic, de tragique mémoire, s'avancer vers nous, mais c'était le bosquet au milieu du champ des

Badiou, qui empruntait sa forme avec son grand chêne en plein centre tenant lieu de cheminée.

Soudain, le ciel s'obscurcit. Pourtant, rien ne laissait croire que l'orage était en vue. Au dernier croisement des quatre chemins, à un quart de mille de la maison, papa se rendit compte de la triste réalité! Il mit la vieille Essex en deuxième, pressa sur le champignon et, en moins de deux, nous arrivions dans la cour de la ferme. À peine étions-nous descendus de la voiture que des millions de sauterelles s'abattirent sur nous, telles des grêlons pendant l'orage.

- Vite, dans la maison, fermez toutes les fenêtres!

Nous venions de comprendre que, même sous un resplendissant soleil de la mi-août, le ciel pouvait se déchaîner au-dessus de nos têtes! Quelques minutes plus tard, tous les épis tombaient sous les assauts de la nuée de petites bêtes venues d'ailleurs faucher notre récolte; une des plus belles que nous ayons jamais vues! Nos parents voyaient, encore une fois, s'effondrer l'espoir de s'en sortir.

Le lendemain, mon père enfouissait une bonne partie du grand champ de blé en faisant des traits de charrue tout le tour du rectangle, mettait le feu à ce qui restait des quatre-vingts acres d'espoir. Pas un seul épi n'avait été épargné par les voraces insectes! En guise de représailles, j'avais, comme me l'avait montré Marcien, pris quelques unes de ces saccageuses dans mes doigts pour me venger du mal qu'elles nous faisaient. En leur écrasant l'arrière-train, je leur disais :

- Allez, donne ton miel! Donne ton miel! Sale bête.

Entre leurs mandibules jaillissait alors une sécrétion brunâtre, couleur de miel foncé. À quoi bon! Elles n'y étaient pour rien; elles étaient, elles aussi, en quête de nourriture et de survie. Et puis, le chemin de fer heureusement nous sortirait encore d'embarras. Papa irait à Melville.

Jo Choumac, notre propriétaire terrien, lui aussi, était bien désolé. Comme nous, il perdait tout, c'est-à-dire le tiers de la récolte; quoique papa le soupçonnait d'avoir eu les moyens de faire assurer ses pertes par l'agent d'assurances Delaquis et d'avoir pu récolter une rondelette somme d'argent. C'est, peut-être, la raison pour laquelle il ne fit pas trop de cas des quatre-vingts acres noircis par le feu. Même qu'il avait profité de sa visite soudaine et motivée pour demander à mes parents s'ils me permettraient d'aller servir la messe à Cardinal au cours de l'automne et de l'hiver. Car on y disait la messe une fois par mois, dans la chapelle que, lui-même, avait fait construire dans la deuxième rue du petit village. Jo Choumac était connu dans la région pour être, non seulement économe, mais même très, très près de ses sous, selon certains. Un de nos hommes engagés au temps des moissons, nous avait dit l'avoir vu dans la grainerie faire le partage de la récolte de blé. Il avait mis deux boisseaux à droite pour monsieur Bergeron, un pour lui à gauche, puis deux poignées à droite, une à gauche, deux grains à droite, un à gauche, et, enfin, prenant le seul grain qui restait, il le divisa en trois, deux tiers à droite pour les Bergeron et un tiers à gauche, sa part à lui. Cette histoire racontée par le grand gaillard Armand Gauthier de Sainte-Geneviève nous faisait bien rigoler. Elle nous révélait surtout un aspect troublant de notre propriétaire terrien qui, pourtant, selon maman, devait être un bien bon chrétien pour avoir doté Cardinal de sa chapelle et de sa messe mensuelle à compter du mois d'octobre. Papa n'était pas d'accord et prétendait que nous avions notre part dans cette "église du diable" comme certains l'appelaient. Paraît-il, qu'on y aurait dansé, qu'il se serait passé là des choses pas catholiques et que c'était la raison pour laquelle il n'avait jamais été question d'y avoir un prêtre résidant.

Toutes ces choses me trottaient par la tête, après avoir appris la demande du vieux Choumac à mon sujet et l'accord de mes parents, surtout de maman, il va sans dire. Il avait été entendu que je pourrais me rendre chez monsieur et madame Schumacher la veille de chaque service, qu'on m'y donnerait le repas du soir et que j'y serais logé jusqu'au lendemain. Tout cela, en cas de tempête durant l'hiver. Je profiterais tout de même du mois d'octobre pour faire mon apprentissage. Par prudence, je me ferais accompagner de Papino qui connaissait bien la route de Cardinal, puisque je m'y étais rendu avec lui, pour participer aux courses de chiens du dimanche après-midi, sous le patronage de l'hôtelier, Gustave Martin.

Ces courses étaient chaque fois l'occasion de faire l'épreuve de nos bêtes attelées à des traînes sauvages ou des traîneaux fabriqués selon les besoins de chacun. J'avais, pour ma part, une luge très légère dont je pouvais descendre sans difficulté et sur laquelle je pouvais remonter dès que je sentais Papino bien lancé sur la piste. Nous étions assurés de revenir de ces expéditions avec vingt-cinq sous en poche. Zoël Dupasquier, avec son gros berger allemand, remportait à peu près toujours la première place et le dollar du vainqueur. Mais j'avais, malgré tout, gagné la course au moins une fois, lorsque tous les chiens s'étant mis à se battre, Papino et moi, nous nous étions dégagés les premiers et avions atteint la ligne d'arrivée les premiers. Papino craignait toujours d'avoir à se mesurer à plus fort et à plus gros que lui, aussi se tenait-il tout près de moi en jappant sans cesse, tant cela l'excitait. Mais, dès que je pouvais le remettre en piste, grâce à mes cris d'encouragement, il filait droit au but. Ses forces semblaient décuplées et c'est en pétant abondamment et en aboyant sans arrêt qu'il terminait la course. Car, il faut bien préciser que tout participant devait parvenir à la ligne d'arrivée pour avoir droit à ses vingt-cinq cents.

Papino m'accompagnait donc lors de mon premier séjour à Cardinal. Quatre milles à faire sous une pluie battante qui aurait pu facilement tourner en neige. La dernière semaine d'octobre en voit souvent arriver les premières chutes. Les nuits sont froides et claires sous les rayons de la lune. La glace se forme sur les étangs, mais disparaît dès le lever du soleil en crépitant légèrement. Le trente et un octobre, il est rare que la neige n'ait pas fait son apparition. Le soir de la Halloweeen nous réserve à peu près toujours des températures en dessous du point de congélation, qui se maintiennent tout le reste de la saison d'hiver. Vêtu pour affronter la pluie ou la neige, j'en suis donc à monter et descendre les collines où les ornières de la route sont devenues de véritables ruisseaux. Mes bottes de caoutchouc claquent à chaque pas et j'apprécie d'être bien au chaud grâce à mon imperméable à capuchon et à mes bonnes chaussettes de laine. Le clocher de Cardinal est déjà en vue. Je cours, je marche et me retourne, par moments, pour éviter les coups de fouet répétés de la pluie de plus en plus abondante. Dans quelques instants, je pénétrerai dans la somptueuse demeure de Monsieur et Madame Schumacher, la seule à être éclairée à l'électricité, grâce à une puissante éolienne érigée au-dessus de l'écurie. Je connais madame seulement pour l'avoir vue. Comment m'accueillera-t-elle?

C'est elle qui m'ouvrit la porte. Je n'eus pas à me présenter.

- Ah! C'est le jeune Bergeron! Nous t'attendions. Entre!

Je jetai un regard vers Papino qui ne semblait pas prêt à me laisser entrer seul.

- Tu peux le faire s'installer sur le petit tapis, ici, près de la porte. C'est là que notre Niquette dormait autrefois. Nous l'avons perdue au printemps.

Je me rappelais, en effet, avoir vu la petite chienne accompagnant son mari à chacune de ses visites à la ferme. Elle restait figée comme un chien de faïence sur la banquette du boghei, avec ses deux minuscules oreilles qui bougeaient sans cesse, ses petits yeux, ronds comme des billes, roulant en tous sens.

- Oui, je me rappelle. Est-ce qu'elle a été tuée? lui demandai-je.

Papino pendant ce temps s'était sagement allongé sur la catalogne, après avoir promené son museau à droite et à gauche pour en analyser l'orientation. Avant de me répondre, madame Schumacher observa le manège d'un œil triste, comme si elle revoyait, peut-être, sa petite chienne Niquette.

- Oui, reprit-elle, une roue de l'auto du voisin lui a brisé l'épine dorsale.

Elle termina sa phrase en se retournant, pour ne pas en dire plus long. C'était la première fois que je lui adressais la parole et que j'entendais sa voix, à vrai dire, car il était rare de la voir en compagnie de son mari. C'était une solitaire, semble-t-il, une ancienne maîtresse d'école. Elle avait enseigné plusieurs années à Cardinal et avait épousé le sellier et propriétaire terrien Joseph Schumacher, il y avait de cela une bonne trentaine d'années. Cette femme, sans enfant, lisait beaucoup, cultivait des fleurs en quantité et ne fréquentait personne, sauf une ancienne compagne de l'École normale maintenant installée au village de Lourdes.

173

J'étais heureux de faire la rencontre de cette femme très distinguée portant les cheveux tirés et le chignon. Dès que j'eus suspendu mes vêtements dégoulinants aux crochets du tambour, elle me fit pénétrer dans une pièce de famille, où nous tendaient les bras quatre fauteuils. L'un pour monsieur, avec à ses côtés un "porte-pipes" bien garni, des boîtes de tabac, un cure-pipe et un immense cendrier, l'autre pour madame, entouré de tout le nécessaire pour le tricot et le reprisage et surmonté d'une lampe de lecture, avec une longue chaîne au centre de l'abat-jour. Les deux autres fauteuils étaient adossés à un pan de mur entièrement garni de livres de toutes dimensions et portant des noms d'auteurs : Hugo, Balzac, Baudelaire... Je n'en n'avais jamais autant vu, sauf au presbytère de Lourdes, dans le bureau du père curé Antoine Champagne. Cela m'étonna de voir tous ces livres dans une maison privée. Même l'oncle Étienne n'en avait que quelques-uns sur une tablette dans le salon!

Nous étions seuls.

- Mon mari est à la chapelle, me dit-elle. Il ne devrait pas tarder à revenir. C'est qu'il faut que tout soit en place pour la messe de demain matin.

Puis, elle reprit :

- Où as-tu appris à servir la messe?

- À Saint-Lupicin avec le père Picod. Avec mon frère Marcien, je servais la messe de dix heures deux fois par mois. Les autres dimanches, c'était Jean et Luc Soulodre, mes cousins.

Soudain, Papino fit entendre un petit grognement. Le mari faisait son entrée. Après le repas, Monsieur Schumacher m'invita à me rendre avec lui à la chapelle. Pour moi, cette "église du diable" était une source de mystère. J'avais peine à me détacher de cette appellation qui me trottait dans la tête en me rendant sur les lieux. J'étais passé devant cette chapelle très souvent, mais sans y pénétrer. De grands arbres l'entouraient. Elle avait parfaitement l'allure d'une petite église. Tout y était, jusque dans le moindre détail. Le parvis avec son perron suffisamment grand pour y permettre la rencontre des paroissiens et où le crieur public aurait pu annoncer foires et encans sans problème. L'œil-de-bœuf avec sa vitre teintée et taillée en pointes de tarte, le clocher, la cloche qu'on pouvait apercevoir à travers le treillis, et, au bout de la flèche, une croix parfaitement proportionnée à l'ensemble, le tout s'harmonisant en tout point pour faire de ce temple une église de paroisse miniature.

La pluie avait cessé et une brillante lune de fin d'octobre éclairait la fraîche soirée encore marquée d'une forte humidité. Il fallait éviter les flaques d'eau ou carrément y enfoncer nos bottes de caoutchouc. Je suivais monsieur qui tenait à la main un fanal comme celui que nous accrochions à l'étable pour faire le train. Il sortit sa clef et ouvrit la porte du tambour. Une forte odeur de cire et d'encens me chatouilla les narines. La porte intérieure étant ouverte, j'aperçus dans la pénombre de nombreux lampions qui brûlaient, ici et là, devant les statues sur lesquelles sautillaient les lueurs multicolores. Puis, toute la nef et le chœur s'illuminèrent sous les puissants rayons d'une lampe à manchons doubles que le sacristain et propriétaire des lieux alluma et hissa vers le plafond grâce à un ingénieux système de poulies et de contrepoids. M'apparurent alors la Vierge, saint Joseph, saint Sébastien transpercé de flèches, la bonne sainte Anne, Jeanne d'Arc et combien d'autres saints disposés de chaque côté des deux rangées de bancs qui pouvaient accueillir une centaine de fidèles. Le tout était impeccable. Un chemin de croix ornait, sur toute leur longueur, les deux murs latéraux et là-haut, au jubé, se dressait un harmonium de dimension plus considérable que celui de ma mère, avec de longs tuyaux dorés qui lui donnaient l'allure d'un orgue, comme ceux que j'avais vus dans l'almanach de l'oncle Étienne. Sainte Thérèse de l'Enfant-Jésus avait la place d'honneur au-dessus du maître-autel. La Vierge et saint Joseph occupaient les niches latérales dans la nef, aux deux extrémités de la table de communion.

Après s'être assuré que tout était bien en place et avoir éteint quelques lampions agonisants, Joseph Schumacher m'invita, sans plus tarder, à passer à la sacristie pour enfiler ma soutane et mon surplis. Les vêtements sacerdotaux étaient prêts à accueillir l'officiant, en l'occurence Joseph Schumacher, qui décida de les endosser pour bien réaliser notre répétition générale. C'était la première fois que je voyais un prêtre portant la moustache. Bien sûr, l'image des missionnaires avec leurs longues barbes m'était familière, mais pour la première fois je voyais un moustachu porter aube, chasuble et barrette pour monter à l'autel. C'était donc du théâtre que nous ferions en prévision de la vraie représentation du lendemain. Mais, étant très préoccupé à me rappeler mes répons de la messe je me mis résolument à l'œuvre pour m'assurer que le service serait irréprochable.

- Introïbo ad altare dei.
- Ad deum qui laetificat juventutem meam.
- Dominus vobiscum... Et cum spiritu tuo... Credo in unum Deum...

Tout s'enchaînait à merveille! C'était à croire que Monsieur Schumacher avait été ordonné. Drelindin... drelindin... c'était le moment du Sanctus... génuflexion et élévation de l'hostie, sans hostie, puis du calice, vide, puisque les burettes ne contenaient rien. Parfois, mon prêtre répétiteur me faisait une remarque touchant le service.

- Au Sanctus, à chaque génuflexion, il faut que tu portes la main à la chasuble pour la soulever légèrement en retenant le pan inférieur.

Je lui rétorquai que le père Picod à Saint-Lupicin ne nous permettait pas ce geste qui lui semblait inapproprié. Il faut préciser ici que le vieux prêtre, aux idées jansénistes, voyait là l'image de la jupe qu'on retrousse, plutôt que l'aide qu'on pouvait apporter à l'officiant en soutenant la croix rigide qui, autrefois, ornait le dos de la chasuble. Finalement, je passai l'épreuve sans trop de difficulté, même si je faillis me casser la figure, à quelques reprises, en marchant sur le bas de ma soutane. Mon instructeur eut tôt fait de me prier de raccourcir celle-ci en la soulevant au-dessus de la ceinture. Le grand jeu se termina bientôt et nous rentrions, quelques moments plus tard, à la maison. Je couchai cette nuit-là dans la chambre qu'occupait autrefois, durant son enfance, monsieur lui-même. C'est ce que me révéla mon hôtesse en m'y faisant pénétrer. Près du lit se dressait une commode, une garde-robe et une table où je me serais vu faire mes devoirs beaucoup mieux que sur le coin de la table de cuisine chez nous! Au pied du lit un petit autel, comme on en voyait à l'époque pour rappeler aux jeunes garçons que la vocation religieuse se prépare de longue main. Cela me fit réfléchir à ce que je venais de vivre. D'ailleurs, beaucoup plus tard tout ce scénario me revint en mémoire et j'en fis une nouvelle sous le titre de "L'Église du Diable" où je me permis de fabuler sur le personnage de notre propriétaire terrien et les circonstances entourant cette répétition insolite d'une messe sans hostie et sans vin.

Le lendemain, le chanoine Beauregard était au

rendez-vous des paroissiens de la mission de Cardinal. Lui qui ne prêchait jamais à Lourdes, parce qu'on lui en avait retiré le droit, fut d'une éloquence remarquable. J'ai cru comprendre, à écouter les commentaires après la messe que le bon chanoine s'était mis les pieds dans les plats, en matière de morale, à quelques occasions, et qu'on lui avait recommandé de ne plus prendre la parole sans texte. Il avait donc décidé de ne plus faire de prédication, du moins à Lourdes.

Dans l'après-midi, c'est donc tout heureux que je reprenais, en compagnie de Papino, le chemin de la maison avec une belle pièce de vingt-cinq sous en poche et la ferme résolution de recommencer le mois suivant.

LES TEMPS MODERNES

Au cours des années trente, le mot progrès était sur toutes les lèvres. Il représentait la magie de l'avenir. Les inventions de toutes sortes trouvaient des applications nouvelles et laissaient entrevoir des jours meilleurs, sans toutefois nous mettre plus d'argent dans les poches.

C'est en 1937 que mon père revint un jour à la maison avec un petit appareil de radio Marconi. Il fonctionnait sur piles. Le vendeur lui avait expliqué qu'il devrait installer une antenne, un long fil métallique entre l'étable et la maison, à la hauteur des toits, et cela en direction de la ville de Winnipeg, puisque les postes de radio CKY et CJRC étaient les deux seuls à se faire entendre dans la région, de même que quelques postes américains près de la frontière. Nos voisins Pantel, plus fortunés que nous, en possédaient déjà et nous avions pu suivre certains combats de boxe importants chez Jean-Baptiste ou Privat Pantel, tels que la célèbre rencontre entre Jœ Louis et Max Schmelling. Mais, ce serait maintenant chez nous que cela se passerait!

Mon premier contact avec cette mystérieuse transmission de la voix et de la musique, par les ondes invisibles, avait eu lieu quelques années auparavant. Le grand cousin Pierrot Soulodre m'avait fait coiffer le casque d'écoute et j'avais entendu quelques secondes de musique grâce au minuscule appareil de radio à crystal qu'il avait fabriqué, avec une bobine de fil de cuivre, un petit crystal sur lequel il agitait une aiguille reliée de quelque façon aux écouteurs, le tout logé dans une boîte de cigares. J'en avais eu le souffle coupé et, c'était le cas de le dire, je n'en croyais pas mes oreilles!

La radio, anglaise évidemment, faisait donc partie de notre quotidien. Le bulletin de nouvelles d'une heure, qui suivait le repas du midi, était précédé d'une annonce "Super Suds" devenue le signal du début de ce chapelet de mauvaises nouvelles, la plupart du temps. On y parlait de rencontres entre les chefs d'état de différents pays, de l'imminence d'un deuxième conflit mondial, du décès de tel ou tel grand personnage, des accidents de la route qui devenaient de plus en plus fréquents avec l'accroissement de la circulation automobile; le tout se terminait par des messages destinés à des habitants du Grand Nord canadien. Cela me faisait rêver. Dire qu'il y a des missionnaires et des gens du gouvernement qui habitent là-haut, près du pôle Nord, avec les Esquimaux. Puis, le lecteur se nommait : Russ Carrier. Même si ce nom était prononcé à l'anglaise, papa nous disait que c'était probablement un Canadien français, comme nous. J'étais loin de me douter, alors, que cet annonceur, employé par la suite à Radio-Canada, deviendrait un de mes camarades de travail à Montréal, où il termina sa carrière. Gustave Carrière était bel et bien un Canadien du Manitoba. Car, il faut préciser qu'à l'époque, Canadien voulait dire de culture française. Quand mon père disait : "J'ai rencontré deux Canadiens dans le train hier", il s'agissait de deux Canadiens de langue française, des Canadiens du Bas-Canada.

Puis, dans notre petit monde de la montagne Pembina, les aéroplanes devenaient chose courante. On ne sortait même plus pour les voir passer, comme c'était le cas quelques années auparavant, à l'époque où la maîtresse récompensait celui ou celle de ses élèves qui signalait le vombrissement lointain d'un "avion", un terme encore presque inconnu chez nous. Tous les écoliers avaient alors le droit de courir à l'extérieur voir l'engin sillonner le firmament. Ce qui nous fascinait le plus, c'était de voir avec quelle aisance il pouvait éviter les nuages, ou encore, y pénétrer pour en ressortir à un endroit inattendu.

Chaque fois qu'il était question d'aviation, un nom nous revenait sur les lèvres ou du moins à l'esprit; celui de Joberty, un aviateur français qui avait de la parenté à Lourdes et dont le petit avion se posait parfois dans le vaste terrain derrière la salle paroissiale où se tenait la grande kermesse annuelle, avec ses stands de jeux et de vente d'objets de toutes sortes. L'aéroplane de Joberty était donc, à cette occasion, un spectacle en soi. L'aviateur descendait de son cockpit, cigarette aux lèvres et retirait son casque à lunettes pour libérer une belle chevelure frisée légèrement grisonnante. Sa fière allure en faisait, pour nous, une sorte de héros à la Jules Verne. Ah! pouvoir piloter un avion, voler entre les nuages, voir de là-haut la courbe de la terre et surtout, se couvrir de gloire, en étant l'unique pilote connu dans toute la région! J'en rêvais, mais sans espoir que cela m'arrive un jour. Parfois, ce rêve de piloter un avion me hante encore, et, il n'est pas dit que...

Le téléphone aussi faisait partie de notre petit univers, quoique nous devions toujours aller chez les Pantel pour utiliser cette merveilleuse invention de Alexander Graham Bell. Edison, Bell, Marconi et les grands inventeurs étaient à l'honneur dans nos livres anglais au même titre que les découvreurs et les Napoléon Bonaparte dans nos livres français. Heureusement, l'Almanach Vermot de l'oncle Étienne, La Liberté, notre hebdomadaire, de même que la revue "Le Samedi" de Montréal nous parlaient de Pasteur, des frères Lumière, de Marie Curie et des gloires françaises, sans quoi nous aurions pu croire qu'il n'y avait que les Américains ou les Anglais qui réalisaient de grandes choses.

Quant au chemin de fer, nous connaissions toute l'importance qu'il avait au pays, en reliant toutes les provinces canadiennes les unes aux autres. Papa n'avait que des paroles d'émerveillement en parlant de ces immenses locomotives qui pouvaient tirer jusqu'à une centaine de wagons chargés de notre beau blé de la plaine de l'Ouest, en direction de Fort William et de Port Arthur, maintenant devenus Thunder Bay, par le regroupement de ces deux villes situées à l'ouest du lac Supérieur. D'ailleurs, nous savions que l'oncle Élie, mécanicien au Canadien National, était aux commandes des plus énormes locomotives qui soient. Cela nous intégrait donc à ce monde de grandes réalisations modernes. Puis, les occasions d'entendre parler des opérations ferroviaires ne manquaient pas. Papa nous avait initiés au code de son fanal. Il rapportait à la maison des torches de signalisation dont il nous avait vanté tous les mérites pour faire stopper un train trop entreprenant et éviter la catastrophe. Lors de la fête de Noël à Saint-Adélard, une ou deux de ces "fusées", comme on les appelait selon le terme anglais, illuminaient, pendant dix bonnes minutes, toute la cour d'école. À bien y penser, nous avions une connaissance de plus en plus précise du vaste monde.

MON AVENIR

Un jour, vers la fin du mois de juin, à l'époque des foins, ma mère reçut la visite de deux religieux dans une superbe voiture noire. La journée était splendide. C'est donc à l'extérieur qu'elle les accueillit, en les invitant à s'asseoir dans les fauteuils disposés en rond autour d'une petit table sous le grand érable qui ombrageait toute la maison.

Je me rendis compte rapidement qu'ils étaient venus voir mes parents à mon sujet. Ils s'étaient tout d'abord enquis du nombre d'enfants, des antécédents de la famille originaire de Saint-Lupicin. Il fut question du père Picod, du fait que je servais sa messe avec mon frère Marcien. Puis, profitant de je ne sais trop quel prétexte, je m'esquivai et disparus dans le bois en suivant le sentier des vaches qui nous amenait jusqu'à une éclaircie où l'herbe poussait en abondance. Pour la première fois, je sentis que je devais prendre une décision quant à mon avenir. Maman m'avait bien dit que je pourrais continuer mes études, à condition que je le veuille bien, que le père curé lui avait dit que je pourrais aller au Collège de Saint-Boniface, seule issue possible pour faire des études secondaires et universitaires. Mais, pour cela, il fallait de l'argent. Le père Champagne lui avait laissé entendre que ce qui comptait, c'était la volonté de s'instruire. Elle aurait priorité sur tout. Maman m'avait donc demandé si j'avais cette "volonté de m'instruire". Je lui avais dit que "oui", j'avais l'intention de poursuivre mes études comme Antoinette qui aurait bientôt son brevet d'enseignante. Elle l'aurait grâce au fait qu'elle était religieuse. Papa n'aurait jamais pu lui payer toutes ces études. Il y avait donc là un lien qui m'inquiétait. Fallait-il nécessairement devenir religieux pour avoir de l'instruction? Il semblait bien que oui, et je n'étais pas prêt à m'engager à l'âge de douze ans à porter la soutane, comme ça se faisait à l'époque.

Antoinette me paraissait tout heureuse de son sort. Je l'enviais de pouvoir continuer à étudier. Elle était mon seul modèle. Suzanne avait dû se résoudre à rester à la maison pour aider à élever la famille. Marcien, lui, avait décidé de quitter l'école Saint-Adélard et semblait très heureux de faire les travaux de la ferme. Papa lui avait d'ailleurs laissé entrevoir qu'il pourrait entrer aux chemins de fer dont les salaires devenaient de plus en plus intéressants. Entre-temps, il se faisait un peu d'argent de poche en allant travailler comme engagé chez les voisins. Il avait tout le loisir d'aller à la chasse, de trapper et de fréquenter les jeunes de son âge. C'était la belle vie, la liberté de faire à sa guise. Mais, les études? Elles pourraient m'amener à me réaliser davantage, à devenir un professionnel, comme on disait, médecin, notaire, avocat, maître d'école... En fuyant la rencontre de maman avec les deux Oblats de Marie-Immaculée, je n'aidais pas à résoudre le problème, mais je ne voulais pas assister à un marchandage où ma présence m'aurait forcé à me compromettre. Je revins près de l'étable, une bonne heure après, voir si la voiture était toujours dans la cour. Elle n'y était plus et c'est avec soulagement que je vis maman me regarder en souriant.

- Tu sais, on a beaucoup parlé de toi avec les deux

pères Oblats. Tu sais que Jean Soulodre est rendu au Juniorat?

Je lui fis un signe affirmatif de la tête.

- Il semble très heureux à Saint-Boniface. Ça ne te tenterait pas d'aller au Juniorat?

Devant mon peu d'intérêt, elle me dit que, de toute façon, elle devait voir le père Champagne dimanche pour en parler, que tout pourrait s'arranger pour que je puisse commencer mon collège à l'automne et que les deux jeunes Magne seraient au nombre des nouveaux collégiens. Cette idée me plut et je lui promis de l'accompagner dans sa démarche auprès du curé.

La rencontre fut des plus sympathiques. Le père Antoine Champagne, le seul Canadien de la communauté des Chanoines Réguliers de l'Immaculée-Conception, les CRIC, comme on les appelait parfois, mais jamais en leur présence. J'ai cru comprendre que mes parents n'auraient que très peu à payer, mais que je devrais faire des travaux d'entretien au collège pour compenser. Je serais nourri, logé et instruit pour environ quinze dollars par mois et mes parents auraient à me donner quelques dollars pour mes petites dépenses personnelles et l'achat de mes livres et cahiers. Le bon père payait une partie de mes frais de scolarité et je crois avoir entendu que l'Archevêché participait aussi à l'entreprise de mon éducation. Tout ce qu'on me demandait, c'était d'étudier, d'avoir une conduite irréprochable et de bien prier pour la réussite de ma vie. Je crus, un moment, que les contraintes d'avoir l'intention de devenir prêtre seraient mentionnées, mais non! J'étais soulagé. Surtout, ce qui me plaisait, c'est que je pourrais travailler pour gagner, sinon toute, du moins une partie de ma liberté. À la fin de l'entretien, le père curé, grand, mince, au visage amaigri et aux traits tirés, nous annonça qu'il pourrait lui-même me conduire au collège le jour de la rentrée, le sept septembre. J'en fus ravi. C'était en 1937.

Il ne me restait que deux semaines pour me préparer au grand départ, deux semaines pour mettre dans une petite valise tout ce qui me permettrait de vivre cette expérience nouvelle loin de la maison. C'est ce qui me troublait le plus. Je devais quitter ce qui était mon royaume : le milieu familial, mon fidèle Papino qui pourrait ne jamais se remettre de mon absence prolongée. Comme sa mère Popette, il s'étendrait de tout son long dans la grainerie, près de mon lit, et il se laisserait mourir. Non, Papino ne ferait pas ça! Joseph et Léandre s'occuperaient de lui. Il s'attacherait à eux et peut-être qu'à mon retour à Noël, il ne me reconnaîtrait pas. Non, ça non plus ce ne serait pas possible! Puis, qui transporterait Léandre sur son dos? Joseph était encore trop petit. Qu'importe! Léandre, à trois ans pourrait très bien marcher, courir, gambader, comme un poulain, partout, dans la cour, dans le bois, jusqu'à la clairière près de la terre des Pantel. Je m'en faisais pour absolument rien! La vie continuerait sans que rien ne soit changé. Mais, pourrais-je m'adapter à mon nouveau milieu? Le père Champagne avait affirmé, avec une certaine fierté d'ailleurs, que nous serions plusieurs jeunes garçons de Lourdes au collège cette année, et que son jeune neveu Fortunat Champagne, de Sainte-Anne, ferait son entrée en même temps que moi.

Déjà les deux frères Delaquis, Hubert et Pierre, y étaient dans les dernières années du cours classique et ils sauraient veiller sur nous, les plus jeunes. De plus, Pierre et Alban Magne, mes deux camarades de Saint-Adélard seraient avec moi, en tout temps, probablement dans la même classe, en Éléments Latins. Je m'entendais parfaitement avec eux, sauf que lors de notre dernière rencontre, juste avant les grandes vacances, Pierre m'avait brisé le cœur, littéralement.

Je venais de recevoir par le courrier un petit canif que m'avait valu la vente de trois abonnements à la revue Le Samedi. J'avais découpé les formulaires dans l'exemplaire du mois de mai, j'étais allé voir madame Jean-Baptiste Pantel qui avait souscrit, puis ma maîtresse Angèle m'avait également encouragé. Avec le renouvellement de notre abonnement, le compte y était, je recevrais en prime un joli canif dont j'avais grand besoin, dans ma poche, pour "gosser" mes bouts de bois, couper les ficelles, réparer ce qui devait être réparé. J'étais en admiration devant cet outil, bien à moi, indispensable à tout petit garçon de mon âge. Je m'étais donc présenté à la dernière journée d'école, fier comme Artaban! À tout instant, je glissais ma main dans ma poche pour m'assurer que mon petit canif rouge y était bien, au bout de sa chaîne, la plus belle chaîne qu'il me soit donné de posséder. À la récréation, je l'avais sorti pour l'admirer et le soumettre à l'admiration de mes camarades. Mais Pierre en possédait un depuis fort longtemps. Le mien avait l'avantage d'être encore tout neuf. Sa lame brillait au soleil et le rouge vif de la poignée cache-lame était luisante comme un sou neuf. De plus, mon initiale "H" en faisait un objet encore plus personnel. En l'apercevant, Pierre fit grise mine qui me surprit. Comment ne pas trouver ce canif agréable à l'œil?

- Ça, dit-il, c'est de la camelote! Regarde!

Sortant son propre couteau de poche, il frappa fortement les deux lames l'une contre l'autre en plein sur les deux tranchants. Mon canif reçut l'encoche profonde que devait fatalement lui faire la solide lame d'acier du couteau. Je pris mon canif et m'enfuis à toutes jambes à la maison. Je pourrais toujours prétexter un malaise subit. Je m'effondrai sur mon lit dans la grainerie pour pleurer sur mon sort de gamin blessé. J'avais reçu un coup de poignard au cœur! Oui, j'avais le cœur brisé, et une encoche à la lame de mon canif!

UNE RÉVÉLATION

Septembre, au Manitoba, est d'une douceur incroyable. Le ciel y est d'une pureté sans pareille. Sa hauteur nous fascine. Étendu sur mon lit, je voyais, dans l'encadrement de l'ouverture d'ensilage pratiquée au-dessus de la porte, une branche de notre grand érable se balancer légèrement. Chacune de ses feuilles s'articulait, telle une main, sur le bleu du ciel que transformait par moments le blanc des nuages.

Ces derniers jours à la maison, avant le départ pour la grande ville, me portaient à la rêverie. Je me voyais devenir un autre moi-même, sans toutefois pouvoir saisir l'image fugace de mon profil, comme si celui-ci se transformait continuellement. Je devenais, par moments, envahi par d'immenses sphères en mouvement. Mon être se moulait au gré de ces formes qui grandissaient, éclataient, se recomposaient, telles les pièces en évolution constante d'un kaléidoscope où l'instantanéité nous place en présence du passé, du présent et de l'avenir. Voilà le présent, je le fais à partir du passé par une autre image qui, elle, sera, par mon prochain geste, par ma prochaine rotation, celle de l'avenir, une autre création instantanée. Je sentais en mon être physique apparaître des transformations qui correspondaient à cet état de rêve. Mon corps me donnait, dans la nuit, des soubresauts de jouissances que je n'avais jamais vécues auparavant. J'aurais souhaité pouvoir en saisir tout l'ampleur en plein éveil, mais cela ne semblait pas possible. Pourtant, quelques jours avant mon départ pour le collège, cela se produisit en plein jour alors que je m'étais endormi au cours de l'après-midi. De l'état de rêverie j'étais passé à celui de sommeil. Mon corps avait été secoué par les spasmes des grandes sphères en mouvement et c'est là que j'avais compris, en me réveillant en sursaut, que j'étais devenu un homme en puissance. Mon corps venait de me dire tout ce que j'avais pu déduire des conversations qui touchaient à la reproduction des êtres. J'en étais profondément troublé et, du coup, soulagé. Enfin, je comprenais! Je savais. Je venais de percer le grand mystère de la vie!

LES PRÉPARATIFS

L'inventaire des valises ne fut pas long à faire. Antoinette qui avait maintenant choisi de rester au couvent nous avait remis deux petites valises qui lui servaient lors de ses déplacements. Maman avait eu une valise de grand'mère qui, elle non plus, ne voyagerait plus et le coffre dont Suzanne se servait pour son trousseau seraient mis à ma disposition pour le transport de mes bagages. Suzanne se départit de son coffre, à la condition que j'en prenne grand soin, et je me servirais d'une des plus petites valises pour mes déplacements. Suzanne et maman se chargèrent de mettre tout en place pour le grand départ. Brosse à dents, savon, savonnettes, serviettes de bain, vêtements de jour, de nuit, tout entrait magnifiquement dans l'espace restreint des deux valises choisies. Je serais donc prêt pour le lendemain, lorsque le père Champagne se présenterait chez nous vers les neuf heures du matin. Notre brave curé avait, en effet, eu la gentillesse de dire à maman, après la messe du dimanche, qu'il viendrait me cueillir à Saint-Adélard, puisqu'il avait quelques personnes à voir dans notre secteur de la paroisse, ce matin-là. J'étais au rendez-vous.

Depuis les petites heures, je me promenais çà et là, revoyant mon petit monde comme si je devais le quitter pour toujours. Il m'arriva même de dire tout haut un "au revoir" aux chevaux, aux vaches, aux poules et même à ma grainerie, mon habitation d'été que je partageais avec mon grand frère. Lui était parti, dès notre réveil, participer aux battages chez les voisins. Je lui avais fait mes adieux, en le priant de rentrer dans la maison, le moment venu, les quelques effets que je laissais près de mon lit. Mon départ ne sembla pas l'émouvoir outre mesure, préoccupé qu'il était d'arriver à temps pour le petit déjeuner des "batteux". Ce copieux repas du matin au temps des battages assurait à chacun l'énergie nécessaire pour la longue journée épuisante à laquelle il devait faire face. La responsabilité de tous les repas incombait aux propriétaires de la ferme où le travail devait se faire. Marcien attela donc ses deux chevaux à la charrette-gerbière, y fit monter son chien Rover et fouetta son attelage en direction de la terre des Chanel. Je fus un peu attristé du simple "À la prochaine!" qu'il me lança, mais entrepris quelques instants plus tard ma visite des lieux et des êtres qui les rendaient si vivants, si chaleureux.

C'est donc le cœur gros que je me voyais prendre le large pour aller vivre mon aventure de grand collège. Ma "volonté de m'instruire" commençait donc par un cafard de plus en plus envahissant. Je laissais derrière moi toute cette aire de liberté qui avait été la mienne au cours de ces dernières années, avec la petite école qui n'avait rien de bien contraignant, au contraire, car je perdais aussi la présence de ma maîtresse d'école qui avait mis tant de peine à me préparer à entrer au grand collège! Elle se disait fière de moi, fière des bons points que j'avais eus à l'examen de français de l'Association d'Éducation. J'aurais voulu encore une fois aller lui dire merci. Elle m'aurait embrassé, et cela m'aurait fait tout chaud au cœur.

MON ENTRÉE AU COLLÈGE

La Chevrolet bleue du père Champagne s'engagea dans notre entrée vers les neuf heures du matin. Ma malle et ma valise étaient rangées, comme maman, mes petites sœurs et moi-même, sous le grand érable, pour accueillir le père curé. Vêtu de son "clergyman", il descendit de voiture, se pencha vers Gertrude et Liliane et leur donna la main avec un "bonjour" sonore accompagné d'un large sourire. Cet homme grand et svelte était élégant. Sa chevelure blanche ondulée, son langage soigné, sa simple dignité, tout chez lui inspirait le respect. Maman était tout sourire et son regard admiratif pour le pasteur de Lourdes témoignait, à n'en pas douter, des projets de vie qu'elle nourrissait à mon endroit. Serait-elle bénie du ciel au point de me voir curé de paroisse, chanoine ou missionnaire? J'avoue que je ne pensais pas à tout cela, préoccupé que j'étais à hisser ma malle dans le coffre de la voiture et à filer au plus tôt vers ma nouvelle demeure, sans trop penser aux conséquences de ma décision volontaire de m'instruire.

La cloche de l'école fit courir mes petites sœurs à son appel. J'aurais voulu les suivre, d'une certaine façon, pour échapper à l'incertitude des jours à venir. Une dernière bise à maman, puis à ma grande sœur Suzanne et je pris place dans la voiture auprès du père

Champagne qui, dès le départ, m'entretint de ce secteur de la paroisse en me donnant force détails sur les familles qui s'y étaient établies. Les Badiou, les Ragot, les Monchamp venaient de telle ou telle région de France, les Lesage du Québec... Tout ce dont je me souviens de ses premiers propos, c'est que pas moins de quarante-quatre départements de la France étaient représentés dans sa paroisse de quelque deux mille âmes. J'en retenais surtout que, n'eût été la présence de papa, de son ami Victor Robitaille, des familles Lesage et de quelques autres Canadiens, nous vivions littéralement en Europe, ou du moins, à l'européenne. Après quelques minutes d'arrêt à Saint-Lupicin où nous attendait le père Picod à qui le curé de Lourdes avait à remettre un petit colis, probablement des livres, la Chevrolet entreprit la descente de Babcock.

Les collines étaient encore du vert des beaux jours de l'été, mais déjà, ici et là, apparaissaient des taches de jaune et de rouge des feuilles d'automne. L'air y était vif et revigorant, sans odeur particulière, comme si les parfums de la belle saison s'étaient envolés avec les brumes matinales. Antoine Champagne laissait libre cours à ses propos d'historien qu'il était dans l'âme. Il connaissait parfaitement ce pays de la Montagne que sa communauté avait colonisé en grande partie. Il semblait, de plus, se délecter à la pensée que des oreilles toutes neuves l'écoutaient, comme si son message s'engouffrait pour rejaillir, un jour, quelque part.

À Leary, à deux milles environ de la gare de Babcock, il arrêta sa voiture devant une sorte de palissade érigée au bas d'une des plus hautes collines. Une voie ferrée, qui me semblait en miniature, s'y enfonçait. Des amoncellements de briques et de ferrailles nous rappelaient, ici, l'existence, autrefois, d'une mine de glaise dont l'activité remontait au début des années vingt. C'est là que je me souvins des propos tenus par l'oncle Étienne qui avait dirigé les travaux d'extraction de glaise pour une usine de briques et de ciment à l'époque de grande production. Il nous racontait, entre autres, qu'une mule avait été littéralement projetée hors du tunnel par une explosion qui s'était produite à l'intérieur de la mine, à la suite de l'effondrement d'une paroi de rétention. Je revoyais la mule, les quatre fers en l'air, sortant abruptement dans un nuage de poussière, comme un boulet à sa sortie d'un canon. Le bon curé dut me donner un tas de précisions au sujet de ce puits de mine et sur la composition du minerai qu'on pouvait en extraire, mais je crains fort que la mule de l'oncle Étienne brouillait les ondes de mon savant guide.

Depuis Babcock, nous suivions le cours sinueux de la petite Graisse qui ne mérite véritablement le nom de rivière qu'au printemps, lorsque l'eau des neiges lui arrive en torrent par toutes les gorges et les ravins qui sillonnent les collines en tous sens. Son petit lit ne lui suffit pas. Elle emprunte alors des espaces qui appartiennent aux champs, jardins et potagers. Elle creuse les routes, les rendant impraticables pendant plusieurs jours. Certains ponts sont emportés et flottent à la dérive jusqu'au prochain bosquet. Mais sa furie n'est que de courte durée et les passages à gué sont possibles de nouveau. À quelques milles de Leary, la Graisse se déverse dans la Boyne qui, à son tour, va rejoindre la grande Assiniboine et finalement la Rivière Rouge derrière l'Hôpital de Saint-Boniface. Tout cela, je l'apprends de mon savant chauffeur-guide qui m'annonce que nous entrons à Roseisle, puis, à Carman dont l'hôpital est devenu célèbre dans notre région. C'est là que mon cousin Luc Souldore, par exemple, atteint d'une péritonite aiguë, avait été transporté d'urgence sur le "motorcar" du CN depuis Babcock, tout comme mon ami Pierre Magne qui était tombé sous la ruade d'un jeune cheval. Puis, ce fut une brève station au méridien qui traverse le Manitoba du nord au sud. La borne indicatrice fit l'objet d'une photo et des commentaires acerbes du chanoine qui lui reprochait de n'être rédigée qu'en anglais. J'aurais, sans doute, dû tout retenir des considérations avantageuses que comportait, pour l'univers entier, la façon ingénieuse imaginée pour connaître les vraies mensurations de notre planète, mais cette avalanche de savoir m'écrasait et je ne faisais qu'aujourd'hui mon entrée dans la savante confrérie dont le premier degré était encore lointain.

Enfin, nous arrivons à la route d'Altamont, que nous croisons et par laquelle nous aurions pu venir, même plus rapidement. Après Starbuck, les grandes usines de la Canada Cement, puis c'est l'arrivée dans la grande ville de Winnipeg! Un voyage précédent avec la famille, dans la voiture de l'oncle Jules, me permet de dire au bon père que j'ai déjà aperçu la cathédrale de Saint-Boniface et probablement le Collège du même nom, tout à côté.

La rue Osborne, River Avenue, et nous voici au pont Norwood. Le père Champagne m'explique qu'il veut prendre une autre photo. Un confrère lui a dit que, sur le parapet de ce pont qui enjambe la Rouge, à quelques pas de l'Assiniboine, un fossile se profile admirablement dans une pierre de la carrière de Tyndall, la plus célèbre de l'Ouest canadien. Nous arrêtons à faible distance de l'entrée du pont, sous les voies du Canadien National. La pierre est située au deuxième montant du garde corps nord-ouest. Avec une aussi précise indication du confrère ecclésiastique, nous sommes en présence du phénomène instantanément. Mais, ce n'est qu'à la vue de la forme évidente d'un petit poisson d'environ un pied de longueur que je compris ce que pouvait être un fossile. Tout heureux de cette découverte, le père croqua plusieurs photos, tout en parlant abondamment. Il faillit se faire happer par un lourd camion dont le conducteur réagit juste à temps lorsque l'imprudent photographe décida de traverser la chaussée. Il était magnifique, en effet, ce fossile âgé de centaines de millions d'années, selon le père Champagne! Je voyais les zéros s'accumuler davantage à chaque exclamation sur ce merveilleux passé, mais le présent m'inquiétait. Je devais faire mon entrée au collège vers les cinq heures et il en était bientôt quatre. Les heures filaient rapidement.

Mon généreux mécène m'avait amené prendre le repas du midi au Waldorf, un restaurant de la rue Main dont il connaissait bien les propriétaires, du nom de Gauthier, puis un bon tour de ville pour me montrer mon nouvel environnement avait duré deux bonnes heures. Le Parlement, avec son Mercure, devenu "Golden Boy" pour les Manitobains et leurs visiteurs, les grands magasins de la Baie d'Hudson et d'Eaton, la Banque de Montréal dont la majestueuse entrée à colonnade grecque, qui a la réputation d'être l'endroit le plus venteux et le plus froid du Manitoba, tout cela m'émerveillait et repoussait dans le temps l'échéance de mon arrivée au collège. Le fossile du pont Norwood marquait la fin de la visite guidée. Il ne restait au bon curé qu'à déposer son protégé au parloir du collège et à s'occuper de son inscription en bonne et due forme.

C'est à ses côtés que je fis mon entrée, par la porte centrale du plus célèbre collège de l'Ouest canadien, qui portait encore à cette époque en frontispice l'inscription de Séminaire de Saint-Boniface. Il dit deux mots à l'économe et prit congé de moi, après avoir attiré mon attention sur quelques-unes des centaines de photos accrochées aux murs du hall d'entrée où figuraient des anciens devenus célèbres, surtout dans le domaine sacerdotal. Je le sentais réjoui de sa démarche et je lui promis de me mettre résolument à l'œuvre dans la grande école.

Dans le va-et-vient du hall d'entrée, je me rendis compte de l'effort que j'aurais à faire pour m'adapter, premièrement, au grand nombre d'élèves, puis, à la façon de parler et d'agir de ces petits gars venant de paroisses nettement canadiennes françaises, et, pour la plupart, plus âgés que moi. La désinvolture des habitués me sauta aux yeux. Comment parvenir à rigoler comme ils le font dans le parloir. En attendant mon tour pour me faire guider au dortoir, je serrais très fort la poignée de ma petite valise, comme si quelque mécréant aurait pu tenter de me la ravir. Je regardais défiler les arrivants, nouveaux et anciens. Et, je m'inquiétais surtout du sort de ma grosse malle. Nous l'avions déposée à l'arrière du collège pour qu'elle prenne le chemin du dortoir entre les mains de deux braves garçons qui avaient été chargés par le père Préfet de souhaiter la bienvenue aux nouveaux venus et de transporter leurs effets au deuxième étage par l'escalier de service. J'avais tenu à garder ma petite valise qui contenait mes articles de toilette tout neufs que maman et moi étions allés acheter chez la mère Bazin. Je fondais littéralement de timidité. Je ne m'étais jamais senti aussi minuscule. J'aurais souhaité me cacher, disparaître, pénétrer dans ma valise! Pourquoi pas? J'en étais au point de me demander si je ne prendrais pas la fuite, en me glissant par la grande porte, tout juste au moment de l'arrivée d'un nouveau groupe. Avec les quelques dollars que j'avais en poche, je pourrais trouver le moyen de retourner à Lourdes.

Un carillon se fit entendre, il sonnait cinq heures.

Sa sonorité agréable me fit perdre complètement le fil de mes idées saugrenues. Je m'approchai de la grande horloge sur pied pour l'examiner de plus près. Son immense balancier fortement ornementé semblait d'une pesanteur incroyable et scandait les secondes avec fermeté. Ce chef-d'œuvre d'horlogerie et d'ébénisterie trônait admirablement tout juste à la droite du majestueux escalier central dont les mains courantes se terminaient en forme de limaces géantes. J'étais rendu au bas de ce grand escalier, j'avais trouvé le moyen de sortir de ma torpeur et j'en étais même à déambuler dans le grand corridor, sous le regard de ces centaines d'anciens du Collège. Je rêvais au jour où, peut-être, moi aussi, je serais accroché au mur, lorsque soudain, je me fis accoster de brutale façon, une tape sur l'épaule. Je me retournai furieusement, prêt à la riposte... C'était Alban Magne qui, d'un large sourire, à dents et gencives découvertes, me lança un "salut" retentissant qui résonna dans tout le corridor. Je me sentis soudain délivré d'une sorte de cauchemar qui m'envahissait. Cette maison qui devait être la mienne à compter de maintenant, et pour huit longues années à venir, était démesurément grande. Je ne pourrais jamais accepter d'y vivre, d'y agir à ma guise. Mais voilà qu'une simple tape dans le dos d'un vieux camarade de l'école primaire me ramenait à ma mesure normale! Ce salut chaleureux qui me rappelait mon patelin de Lourdes me redonnait de l'assurance. Je retrouvais du coup le goût de rire. Mais ma première réaction prit l'allure d'un reproche au brave Alban que la nature n'avait pas comblé de ses largesses esthétiques, mais dont le sourire était engageant. Je lui fis signe de ne pas parler si fort en ces lieux. Il me fit rapidement comprendre que Pierre était à la porte d'entrée avec ses parents. Je respirais déjà mieux.

Mais l'image de ma grosse malle me revint à l'esprit. Où diable peut-elle être rendue? L'appel de mon nom me fit sursauter. Le père économe devant lequel je devais me présenter était sorti dans le corridor pour m'appeler. Je fus rapidement au seuil de sa porte, où j'aurais dû censément me tenir depuis plusieurs minutes.

Après un premier repas au réfectoire et une visite à la chapelle pour le salut du Saint-Sacrement, où je m'épris du style jésuite, en trompe-l'œil : colonnes de marbre avec volutes et chapiteaux, et massif maître-autel sculpté, nous fîmes la connaissance de nos surveillants dans la salle d'étude, avant de nous rendre au dortoir pour la nuit. J'étais venu y déposer ma petite valise et j'avais constaté que ma grosse malle était bel et bien au pied de mon lit comme on me l'avait promis.

C'est donc encore tout imprégné des vastes espaces que je partagerais avec mes camarades que je me mis en frais de me déshabiller pour la nuit... Ce n'est toutefois pas sans une certaine gêne que j'entrepris la manœuvre, en m'assurant de ne pas être le premier à me rendre à l'un des quelque trente lavabos qui occupaient tout le centre de la vaste salle où s'alignaient quatre longues rangées de lits blancs. Chacun identifiait son emplacement, grâce à la couleur ou à la grosseur de la malle qui l'accompagnait. Le père surveillant nous donna quelques directives et nous rappela que le silence était de rigueur en tout temps, à compter de la fin de son discours, que, si nous avions pu échanger des propos à haute voix jusqu'à maintenant, le règlement du silence s'appliquait dès ce moment et que la cloche du réveil se ferait entendre le lendemain matin à six heures trente précises. Puis, les lumières s'éteignirent.

J'avais tout juste eu le temps de me glisser dans les

draps dont la fraîcheur fortement lessivée me plut. Je me promettais de passer une bonne nuit pour sauter résolument du lit au premier coup de la cloche du réveil. Dès que l'obscurité envahit la vaste salle, je compris que ce ne serait pas aussi simple que je me l'imaginais. Très tôt, la rangée de lavabos se déguisa en un peloton de personnages aux formes les plus diverses et les mouvements des retardataires me figeaient, à chaque instant, sous les couvertures que je retenais tout juste sous le menton. Le frôlement de la soutane du surveillant qui faisait sa ronde, une lampe de poche aux reflets bleutés à la main, me fit passer un frisson jusqu'au bout des pieds. J'étais soudain devenu craintif et pris d'une sorte de frayeur que je jugeais tout à fait anormale et, vraiment, incontrôlable. Je n'avais nullement à m'effrayer. Pierre et Alban n'étaient qu'à quelques lits de moi. J'étais dans un dortoir pour la première fois, soit, mais il se passait autre chose au fond de moi, au fond de mon être. Poussé par une nervosité grandissante, je me mis à me frotter les pieds l'un contre l'autre, de plus en plus fort. Cela semblait m'enlever un peu de ma frayeur. Par moment, je me sentais m'assoupir, sans toutefois cesser de m'agiter les pieds. Ce malaise prenait l'allure de panique. J'aurais voulu sauter à bas du lit, me sauver, courir, et j'avais soudain l'impression que c'était précisément ce que je faisais, mais, dans une sorte de rêve. Puis me vint l'image d'un petit veau qu'on attache pour la première fois dans l'étable. Ne sachant trop ce qui lui arrive, il tire éperdument sur la corde qui le retient jusqu'à l'épuisement, l'effondrement. Le tout se termina par d'affreux cauchemars et une sorte de fièvre nocturne que provoque ce qu'on pourrait appeler les idées noires de la nuit.

Le lendemain matin, au premier coup de la cloche,

je pris conscience du drame que j'avais vécu. Ce premier contact avec la vie de collège m'avait marqué dans mon corps et j'en avais meurtri mes pieds, au point d'avoir maculé de sang les draps blancs et même le matelas. Je fis mon lit, j'enfilai rapidement mes chaussettes pour cacher mes pieds meurtris, comme si de rien n'était, en me promettant toutefois de régler le tout avec le surveillant plus tard au cours de la journée, au moment propice. Telle fut ma première nuit dans mon nouvel état et dans la demeure qui devait être la mienne durant huit ans.

Quelques jours plus tard, dans l'entrebâillement de la porte de sa chambre, je devais faire la rencontre d'un des plus grands éducateurs qu'il m'a été donné de connaître. Devant les quelques difficultés que j'éprouvais à m'acclimater et à m'adapter à mon nouveau milieu, surtout en ce qui avait trait à la langue que nous, les Lourdeaux, manions bien différemment des petits Canadiens français, le père Lucien Hardy m'avait très simplement dit ce qui devait constituer le leitmotiv de toute ma vie :

- Surtout n'essaie pas d'imiter qui que ce soit. Corrige tout ce que tu crois nécessaire de corriger dans ta façon de t'exprimer et tu seras vraiment toi-même.

Ces sages paroles, je ne les ai jamais oubliées!

TABLE DES MATIÈRES

Aussi disponibles aux Éditions du Blé

Biographie

Derrière les barbelés des Nazis, Florent Labonté
   (134 p. - 6,95$)
Au Nord du 53e, souvenirs, Berthe de Trémaudan
   (187 p. - 14,95$)

Essai

L'Article 23, Jacqueline Blay (392 p. - 24,95$)
Batoche, Diane Payment (157 p. - 9,95$)
Chapeau bas, 1ère partie, collectif (155 p. - 9,95$)
Chapeau bas, 2ème partie, collectif (265 p. - 9,95$)
Donatien Frémont, journaliste de l'Ouest canadien,
   Hélène Chaput (227 p. - 6,95$)
Femmes de chez-nous, collectif (125 p. - 9,95$)
Les Français dans l'Ouest canadien, Donatien Frémont
   (195 p. - 14,95$)
Gabrielle Roy et Margaret Laurence, deux chemins, une
   recherche, Terrance Hughes (190 p. - 12,95$)
Gabrielle Roy, sous le signe du rêve, Annette Saint-Pierre
   (138 p. - 7,95$)
Le Gibet de Régina, la vérité sur Riel, présenté par
   Gilles Martel (190 p. - 9,95$)
Henri d'Hellencourt, Bernard Pénisson (295 p. - 19,95$)
Louis Riel, poésie de jeunesse (161 p. - 9,95$)
Le Métis canadien, tomes 1 et 2, Marcel Giraud
   (1320 p. - 39,95$)
Mon Pays noir sur blanc, Roger Turenne
   (175 p. - 14,95/24,95$)

Jeunesse

Le Château du Soleil, Madeleine Laroche (168 p. - 5,95$)
Les écuries de la grenouillère, Jacqueline Barral
      (97 p. - 9,95$)
Manito, Maurice Deniset-Bernier (95 p. - 6,95$)
La Quête de Mathusalem, Louise Filteau (60 p. - 6,95$)
Solévent, Jacqueline Barral (42 p. - 6,95$)

Littérature

Les Batteux, Marcien Ferland (110 p. - 9,95$)
Danger... Anglicismes, Pierre Monod (134 p. - 7,95$)
J'ai vite compris, Pierre Montgrain, Michel LeBlanc et
      Cyril Parent (65 p. - 16,95$)
Petites fantaisies littéraires, Georges Lemay
      (211 p. - 6,95$)
Plage, Roger Léveillé (88 p. - 9,95$)
Le Vent n'a pas d'écho, Monique Jeannotte
      (182 p. - 6,95$)
La vigne amère, Simone Chaput (176 p. - 14,95$)

Musique

Chansonniers manitobains #3 (Hommage à Riel),
      Rémi Bouchard (53 p. - 6,95$)
Chansonniers manitobains #4 (Riel en musique), collectif
      (47 p. - 6,95$)
Souvenirs, morceaux de piano pour enfants,
      Rémi Bouchard (30 p. - 6,95$)

Poésie

D'Amours et d'eaux troubles, Charles Leblanc
      (74 p. - 9,95$)
Aucun Motif, Rhéal Cénérini (130 p. - 5,95$)
Chien, Bernard Mulaire (45 p. - 9,95$)
Sur le Damier des tombes, Alexandre Amprimoz
      (76 p. - 5,95$)

Delta, Marcel Gosselin (120 p. - 16,95$)

Dix plus un demi, Alexandre Amprimoz (70 p. - 5,95$)

Driver tout l'été, Louise Fiset (80 p. - 9,95$)

L'En-dehors du désir, Jannick Belleau (105 p. - 12,95$)

A la Façon d'un charpentier, Paul Savoie (208 p. - 14,95$)

L'Incomparable, Roger Léveillé (71 p. - 9,95$)

Journal de bord du gamin des ténèbres, Louis-Philippe
    Corbeil (80 p. - 9,95$)

Louis Riel, poésie de jeunesse (161 p. - 9,95$)

Montréal poésie,Roger Léveillé (70 p. - 9,95$)

Persévérance, Michel Dachy (67 p. - 5,95$)

Préviouzes du printemps, Charles Leblanc (55 p. - 6,95$)

Vortex, Suzanne Gauthier (42 p. - 14,95$)

À paraître

- 1989 :

Anthologie de la poésie de langue française au Manitoba,
    éditée par Roger Leveillé

Refermer avant d'allumer ou Merlin L'enchanteur, Jérémie
    Boudreault (roman)

Recettes du Manitoba français (24,95$)

- 1990 :

Le fils unique, Gilles Valais (roman)

La traduction française de April Raintree, Beatrice
    Culleton

L'histoire de Saint-Boniface, Société historique de Saint-
    Boniface

Les prix sont sujets à changements sans préavis.

Les Éditions du Blé sont distribuées par QUÉBEC LIVRES

Achevé d'imprimer en septembre mil neuf cent quatre-vingt-neuf sur les presses de Hignell Printing Limited, Winnipeg.